国家信息中心数字中国研究院
大数据发展丛书

MARCHING TOWARDS A FULLY CONNECTED INTELLIGENT WORLD

迈向万物智联新世界

5G时代·大数据·智能化

5G　BIG DATA　AI

5G与高质量发展联合课题组 ◎ 著

社会科学文献出版社
SOCIAL SCIENCES ACADEMIC PRESS (CHINA)

5G 与高质量发展联合课题组

组 长：
 程晓波 国家信息中心主任、研究员

副组长：
 周 民 国家公共信用信息中心主任、国家信息中心副主任
 于施洋 国家信息中心大数据发展部主任、数字中国研究院院长
 李俊朋 华为技术有限公司企业 BG 新 ICT 研究工作组组长

成 员：
 陈 强 国家信息中心大数据发展部副主任、数字中国研究院副院长
 魏 颖 国家信息中心大数据发展部副主任、数字中国研究院副院长
 王建冬 国家信息中心大数据发展部规划与应用处处长、数字中国研究院秘书长
 郭明军 国家信息中心大数据发展部副处长
 易成岐 国家信息中心大数据发展部助理研究员
 陈 东 国家信息中心大数据发展部工程师
 窦 悦 国家信息中心大数据发展部工程师
 童楠楠 国家信息中心大数据发展部助理研究员

李　琳	华为技术有限公司企业 BG 新 ICT 研究工作组
张卫东	华为技术有限公司企业 BG 新 ICT 研究工作组
章异辉	华为技术有限公司企业 BG 新 ICT 研究工作组
黄玖红	华为技术有限公司企业 BG 新 ICT 研究工作组
杨天宏	华为技术有限公司企业 BG 新 ICT 研究工作组
周　旭	华为技术有限公司企业 BG 新 ICT 研究工作组
赵　东	华为技术有限公司中国企业行业解决方案部
曾　途	成都数联铭品（BBD）公司 CEO
郑　磊	复旦大学国际关系与公共事务学院教授、数字与移动治理实验室主任
孙　宇	北京师范大学政府管理学院教授
黄　璜	北京大学政府管理学院副院长，北京大学公共政策研究中心主任
张　楠	清华大学公共管理学院未来政府研究中心副主任
刘　锋	远望智库超级智能实验室主任、中国科学院虚拟经济与数据科学研究中心特聘研究员
郭巧敏	北京大学新媒体研究院
邵建树	清华大学公共管理学院
李子沛	清华－伯克利深圳学院
杜　薇	对外经济贸易大学国际经济贸易学院

总　序

当今世界，随着互联网、物联网等新技术飞速发展，万物互联化、数据泛在化的大趋势日益明显，人类社会正在进入以数字化生产力为主要标志的全新历史阶段。采集、管理、分析、利用好各种海量数据，已成为国家、地区、机构和个人的核心竞争力。我国幅员辽阔、人口众多、经济体量庞大，经济社会运行各方面产生的数据规模、复杂程度和潜在价值均十分巨大。据统计，目前我国4G用户全球占比超过40%，光纤宽带用户全球占比超过60%，蜂窝物联网M2M连接数全球占比近45%。预计到2020年，我国数据总量全球占比将达到18%。如何加强数据资源顶层统筹和要素集聚，构建数据资源"举国机制"；如何有效共享和利用散落在全社会各处的数据资源，加快释放"数字红利"；如何运用大数据加强宏观调控、公共服务和行业监管，促进国家治理体系和治理能力现代化，已经成为关乎党和国家前途命运的一件大事。

在这一历史背景下，以习近平同志为核心的党中央高瞻远瞩、超前布局，适时提出并全力推进实施国家大数据战略，加快建设数字中国。2017年10月18日，党的十九大报告指出"加快建设制造强国，加快发展先进制造业，推动互联网、大数据、人工智能和实体经济深度融合，在中高端消费、创新引领、绿色低碳、共享经济、现代供应链、人力资本服务等领域培育新增长点、形成新动能"。当前，推进国家大数据发展与数字中国建设的时代内涵主要包括五个方面。

一是迎接信息化发展进入大数据新阶段，以新型"举国体制"打造数字化时代全球竞争力。习总书记指出："大数据是信息化发展的新阶段。随着信息技术和人类生产生活交汇融合，互联网快速普及，全球数据呈现爆发增长、海量集聚的特点，对经济发展、社会治理、国家管理、人民生活都产生了重大影响。"加快推进大数据发展与数字中国建设，应当着力推进全国范围内数据资源顶层统筹和要素集聚，充分释放"数字红利"，有效提升数字化时代我国全球竞争力。

二是守护网络化数字化时代国家主权新疆界，以"数字立国"支撑落实国家总体安全观。习总书记指出："从世界范围看，网络安全威胁和风险日益突出，并日益向政治、经济、文化、社会、生态、国防等领域传导渗透。"当前，大数据已经成为国家的基础性战略资源，数据主权成为国家主权的新领域。加快推进大数据发展与数字中国建设，应当着力强化陆海空天电网六维空间数据资源全领域、全要素统筹，有效增强国家数据资源的纵横联动和调度指挥能力，筑牢国家数据资源整体安全防护体系。

三是培育壮大我国经济高质量发展新动能，以"数字强国"为经济转型升级全面赋能。习总书记指出："研究表明，全球95%的工商业同互联网密切相关，世界经济正在向数字化转型。"大数据对于国民经济各部门具有十分广泛的辐射带动效应，对我国经济质量变革、效率变革和动力变革具有重要推动作用。加快推进大数据发展与数字中国建设，应当着力汇聚全社会数据资源和创新资源，实现汇聚数据链、整合政策链、联接创新链、激活资金链、培育人才链、集聚产业链，以信息化培育新动能，以新动能推动新发展。

四是满足人民群众对高品质生活新向往，以"数字治国"推动现代治理体系建设向纵深发展。习总书记指出："必须贯彻以人民为中心的发展思想，把增进人民福祉作为信息化发展的出发点和落脚点，让人民群众在信息化发展中有更多获得感、幸福感、安全感。"互联网、大数据等新技术是人民群众创造高品质生活的全新手段。加快推进大数据发展与数字中国建设，应当聚焦人民群众的难点、痛点、堵点问题，着力运用新技术手段深化"放管服"改革，推动现代治理体系建设向协同管理、协同服务、协同监管的纵深方向发展，切实增强人民群众获得感和满意度。

五是开创"一带一路"倡议合作共赢新局面，以"数字丝路"建设引领高水平对外开放。习总书记指出："要坚持创新驱动发展，加强在数字经济、人工智能、纳米技术、量子计算机等前沿领域合作，推动大数据、云计算、智慧城市建设，连接成21世纪的数字丝绸之路。"加快推进大数据发展与数字中国建设，应当着力搭建覆盖"一带一路"国家和地区的数据资源互联互通平台和标准规范体系，推动成员国之间数据共享开放，更好地服务于各国经济社会发展，使我国在未来全球大数据产业发展中掌握优先话语权。

20世纪80年代，为迎接世界信息技术革命挑战而组建的国家信息中心，目前已成为以经济分析预测、信息化建设和大数据应用为特色的国家级决策咨询机构和国家电子政务公共服务平台。近年来，国家信息中心在贯彻落实国家大数据战略，全力推进数据资源汇聚、数据分析决策和数字经济发展方面取得了诸多成绩。2018年4月，国家信息中心正式成立数字中国研究院，通过整合内外部资源，汇聚产学研各界优势，共同打造大数据领域最权威、最高端、最前沿的综合性智库平台。本套丛书的策划出版，也是国家信息中心数字中国研究院在数字经济、政府治理、宏观决策、监管创新等领域探索研究的核心成果之一，相信将为各级政府和社会各界推进大数据发展与数字中国建设提供有益借鉴。

曾子曰："士不可以不弘毅，任重而道远。"面向未来，希望社会各界有识之士一起努力，坚持面向国家重大需求、面向国民经济发展主战场、面向世界数字科技创新前沿，全面参与大数据发展事业，全力探索以数据为纽带促进政府、产业、学术、研发、金融、应用各领域的深度融合创新的发展模式。

是为序。

罗文

国家发展改革委副主任

前 言

长风几万里，苍茫云海间。

人类文明绵延至今，从古老的结绳记事，到今天的 5G、大数据、人工智能，信息和信息技术与人们生产生活的关系日益密切。习近平总书记曾指出，从社会发展史看，人类经历了农业革命、工业革命，正在经历信息革命。信息革命增强了人类脑力，带来生产力又一次质的飞跃，对国际政治、经济、文化、社会、生态、军事等领域发展产生了深刻影响。

当前，全球范围内信息技术的演进正在进入一个以 5G 为骨架、以大数据为内核、以人工智能为驱动的全新阶段。习近平总书记在对外访问时多次提及，欢迎各国与中国在 5G 网络、高技术、互联互通、能源等领域开展创新合作。以5G为代表的移动通信技术，作为网络的基础和数字技术的支柱，其发展一定程度上引导了数字经济的发展方向。美国、中国、日本、韩国处于全球5G第一阵营。2019年随着韩国开启首个商用5G以来，世界各国先后开启了5G的商用，2019年6月6日，工信部向中国移动等4家企业发放了5G商用牌照，标志着中国5G商用元年开启。这意味5G将在教育、医疗、环保及我们尚未设想的创新领域带来新的、先进的服务。通过允许更多的设备以更高的速度、更安全的方式相互连接，为中国经济发展从根本上创造一个新的数字环境。

作为下一代通信网络标准，5G具有高带宽、低时延、大连接、低能耗等显著优势，其带宽是现有网络技术的20倍，空口时延是现在的1/10，并发连接数是现在的100倍，单位能耗是现在的1/100。5G不仅成为建设绿色、智能、泛在的未来世界的核心基础设施，而且会带来全社会范围内数据规模和智能化水平的巨大提升，推动人类社会真正迈入以万物互联、众数互联、群智互联为特征的智能化时代。

站在演化经济学或技术经济史的角度，任何一种技术的产生与普及，都与当时当地的经济社会发展有着千丝万缕的联系。技术与经济之间相互促进、相互制约、共同发展。正如法国历史学家费尔南·布罗代尔（F. Braudel）所说："一种革新，只有符合支持它和强制它的社会推动力才有价值。"[①] 5G的发展，既有其内在的技术创新规律，同时也高度契合当前全球范围内数字经济发展大潮和我国经济从高速增

---

① 〔法〕费尔南·布罗代尔：《15至18世纪的物质文明、经济和资本主义》（Ⅲ），施康强、顾良译，生活·读书·新知三联书店，1993，第477页。

长转为高质量发展历史阶段的特定历史需求。

古人逐水而居，今人逐数兴业，在人类社会进入数字化生产力新阶段的历史大背景下，以数字经济发展为传统产业升级赋能，已经成为当今世界主要国家角逐经济主导权的主战场。我国幅员辽阔、人口众多、经济体量庞大，经济社会运行各方面产生的数据规模、复杂程度和潜在价值均十分巨大。可以预见，"数字红利"将逐步取代"人口红利"和"土地红利"，成为未来10~15年我国建设现代化经济体系"后半程"的核心动力。随着5G时代的到来，全社会范围内数据资源规模、复杂程度均将呈现指数级爆炸增长，预计到2025年，全球所有联网的设备总数将从2018年的340亿增长到1000亿，人均日通信流量将从1.2GB增长到4GB以上。我国在5G时代所处的产业先发优势，将进一步叠加和巩固我国在全球范围内的数据优势，为我国实现高质量发展、创造高品质生活、推进高水平开放提供更加强大的驱动力。

党的十九大报告正式提出建设网络强国、数字中国、智慧社会的战略构想，要求全力推动互联网、大数据、人工智能和实体经济深度融合。习近平总书记在中央经济工作会议上表示，我国发展现阶段投资需求潜力仍然巨大，要发挥投资关键作用，加大制造业技术改造和设备更新，加快5G商用步伐，加强人工智能、工业互联网、物联网等新型基础设施建设，加大城际交通、物流、市政基础设施等投资力度，补齐农村基础设施和公共服务设施建设短板，加强自然灾害防治能力建设。这意味着5G时代的到来，信息技术与生产生活的融合将变得无处不在、无所不及，在推动区域协调发展的同时，满足人民日益增长的美好生活需要。以5G、大数据、人工智能为代表的新一代信息技术，将为未来一段时期我国经济换挡提速、爬坡过坎提供强大动力。我们相信，多年以后，当人们回忆和总结这个时代，会将这一波澜壮阔的历史阶段称为中国顺势而为、换道超车的第四次工业革命时代。

正因如此，我们不能将5G仅仅看作一个单纯的技术术语，也不能把5G产业仅仅视为一个单一的产业门类。5G时代通信基础设施格局的深刻变革，以及因5G普及而催生的新一轮大数据智能化爆炸性增长浪潮，将会对包括智能制造、数字媒介、科技创新、医疗、教育、交通等在内的诸多方面产生广泛而深远的影响。在这种情况下，如何探索构建适应5G时代的物联、数联、智联"三位一体"的新型基础设施体系；如何强化大数据智能化领域资源顶层统筹和要素集聚，构建新型"举国机制"；如何有效共享和利用散落在全社会各处的数据资源，加快释放"数字红利"；如何运用5G、大数据、人工智能等新技术加强宏观调控、公共服务和行业监管，促进国家治理体系和治理能力现代化，已成为关乎党和国家前途命运的一件大事。

为更好地探索5G时代大数据智能化发展路径，构建完善数字中国新型基础设施体系，国家信息中心联合华为公司、成都数联铭品（BBD）公司，以及中国科学院、北京大学、清华大学、复旦大学、北京师范大学等业界知名企业和研究机构科研人员组成联合课题组，综合运用大数据分析、洞察调研等方式，形成本报告。

目 录

上 篇

第一章　发展机遇：5G是破题高质量发展的重要抓手 …………3
 第一节　引领未来的机遇 ……………………………………3
  一　万物互联的世界 ……………………………………5
  二　泛在智能的世界 ……………………………………7
  三　高质量发展的世界 …………………………………9
 第二节　技术发展趋势 …………………………………… 12
  一　第五代信息技术的来临 ………………………… 12
  二　5G发展形势 ……………………………………… 20

　　　　三　5G 特性及通用场景 ……………………………… 27

　　　　四　5G 与大数据、人工智能的融合 …………………… 34

　　　　五　5G 与网络安全 ……………………………………… 36

　　第三节　未来展望 …………………………………………… 39

　　　　一　城市：智慧高效的城市治理 ……………………… 39

　　　　二　制造：传统制造的智慧转型 ……………………… 42

　　　　三　教育：身临其境的学习体验 ……………………… 45

　　　　四　金融：无处不在的立体金融服务 ………………… 46

　　　　五　交通：无感知的出行体验 ………………………… 48

　　　　六　文娱：全息带来的颠覆式体验 …………………… 49

　　　　七　社会：高效便捷的生活方式 ……………………… 51

　　　　八　医疗：关爱就在身边 ……………………………… 53

　　　　九　环保：还你一个绿水青山 ………………………… 56

　　　　十　能源：无处不在的电力保障 ……………………… 58

第二章　发展路径：构建基于 5G× 大数据 ×AI 的数字中国新型基础设施

　　………………………………………………………………… 62

　　第一节　数字中国新型基础设施整体架构 ………………… 64

　　第二节　5G 架构 …………………………………………… 65

　　　　一　移动通信架构 ……………………………………… 65

　　　　二　5G 建网模式 ……………………………………… 65

　　　　三　5G 空口新技术 …………………………………… 67

　　　　四　5G 新架构 ………………………………………… 73

　　第三节　大数据架构 ………………………………………… 79

一　基础层 ··· 79

　　　二　数据层 ··· 79

　　　三　支撑层 ··· 81

　　　四　应用层 ··· 82

　　　五　数据标准体系 ··· 82

　　　六　数据安全管理体系 ····································· 82

　　　七　数据运营管理体系 ····································· 82

　第四节　AI架构 ·· 83

　　　一　AI发展重点 ·· 83

　　　二　AI技术架构 ·· 84

　　　三　分布式人工智能 ······································· 87

　　　四　群体智能 ··· 90

　　　五　类脑智能 ··· 91

　第五节　安全架构 ·· 93

　　　一　结果可信 ··· 94

　　　二　过程可信 ··· 95

　　　三　安全管理 ··· 95

第三章　发展方向：重点产业布局 ······························ 97

　第一节　政府 ·· 97

　　　一　构建统一的大数据中心 ······························· 98

　　　二　构建ICT能力中心 ····································· 99

　　　三　建设以5G为核心的城市智联网平台 ················ 99

　　　四　建设智能运营管理中心 ······························· 99

　　　五　智能应用创新 ··· 99

　第二节　制造 ·· 100

　　　一　发挥5G和工业互联网的融合优势 ···················· 100

　　　　二　建设工业数字化平台……………………………………102
　　　　三　开展智能化应用创新…………………………………102
　第三节　油气………………………………………………………103
　　　　一　建设高性能计算平台…………………………………103
　　　　二　建设物联网平台………………………………………103
　　　　三　推进数字化与智能化…………………………………104
　第四节　电网………………………………………………………104
　　　　一　通信无线化，5G 成为电力设备通信标准……………105
　　　　二　建设电力云平台，使能电力企业数字化转型………105
　　　　三　推进分布式发电等电网新兴业务发展………………106
　第五节　水利………………………………………………………106
　　　　一　扩大 5G 网络覆盖，按需改善水利信息采集…………107
　　　　二　建设大数据中心云平台，使能智慧水利和
　　　　　　智慧水务………………………………………………107
　　　　三　应用 AI 进行智慧化管理………………………………107
　第六节　水运………………………………………………………108
　　　　一　构建基于 5G 联接的水运行业物联网生态……………109
　　　　二　建设水运智慧云平台，使能智慧水运发展…………109
　　　　三　构建智慧运输系统……………………………………109
　第七节　公路………………………………………………………110
　　　　一　统一规划，建立分级智能公路………………………111
　　　　二　自动驾驶车联网方案建议……………………………112
　第八节　航空………………………………………………………112
　　　　一　构筑智慧机场数字平台………………………………113
　　　　二　打造智慧机场无处不在的联接………………………114
　　　　三　构建智慧机场应用……………………………………114

第九节 铁路 ·· 115
　一　建设下一代城轨车地通信 ································· 116
　二　5G 高铁覆盖 ··· 116
第十节 农业 ·· 117
　一　建立统一的农业服务平台 ································· 117
　二　智慧农业大数据应用示范工程 ························· 119
　三　布局才智村庄建设，推动乡村经济发展 ········· 119
第十一节 教育 ··· 120
　一　部署虚拟仿真实验系统，让教育实验更有趣 ·· 121
　二　完善新型基础设施，让教育公平触手可及 ······ 122
　三　布局智能化教育，让教育个性化 ····················· 123
　四　教育要与史俱进，更要与时俱进 ····················· 123
第十二节 金融 ··· 124
　一　建立金融大数据平台，让全民享受智能金融 ·· 124
　二　应用 ID-Mapping 技术，保障个人金融安全 ··· 125
　三　开发金融风险防范应用，保障国家金融安全 ·· 125
第十三节 医疗 ··· 126

第四章　发展倡议：政产学研金用协同发力 ····················· 129
第一节　政府：先行先试，探索协同治理新模式 ············ 130
第二节　产业：统筹规划，构建协同运作新格局 ············ 131
第三节　院校：需求导向，建立协同育人新机制 ············ 132
第四节　科研：强基固本，培育协同创新新动能 ············ 133
第五节　金融：脱虚向实，探索协同发展新路径 ············ 134
第六节　用户：营造氛围，建立协同共生新生态 ············ 136

上篇小结　开放性问题 ·· 137

下　篇

第五章　新阶段新范式：5G 驱动全球政府治理进入新时代 ·········· 141
　　第一节　信息技术发展与全球政府治理走过的三个时代 ·········· 142
　　　　一　韦伯模式时代（20 世纪初至 70 年代末） ················ 142
　　　　二　新公共管理模式时代
　　　　　　（20 世纪 70 年代末至 2000 年前后） ···················· 142
　　　　三　整体性政府时代（2000 年至今） ························ 144
　　第二节　中美两国的实践探索 ···································· 145
　　　　一　美国的实践 ·· 145
　　　　二　中国的实践 ·· 148
　　第三节　面向未来：迎接 5G 驱动的未来政府新形态 ·············· 152
　　　　一　政府治理模式升级版：智能体政府 ···················· 152
　　　　二　抓住 5G 时代换道超车的历史机遇 ···················· 154

第六章　新技术新场景：5G 时代政府治理创新的机遇和挑战 ········ 156
　　第一节　机遇 ··· 156
　　　　一　5G 技术对政府治理创新的巨大推动作用 ················ 156
　　　　二　5G 与大数据、AI 结合驱动政府治理创新 ··············· 157
　　第二节　挑战 ··· 159
　　　　一　新技术范式与传统治理思维的脱节 ···················· 159
　　　　二　数据向非政府部门集聚对政府治理的挑战 ············· 160
　　　　三　万物互联和群体性智能呼唤全新监管范式 ············· 162
　　　　四　5G 时代政府治理面临全新安全态势 ··················· 163

第七章　新思维新愿景：5G时代智能体政府的特征与形态 …………164

第一节　5A架构：未来政府智能体的基本特征 ………………164
一　Adaptive：适配型 ………………………………164
二　Agility：敏捷型 …………………………………165
三　All-intelligent：全智型 …………………………166
四　Affordable：普惠型 ……………………………166
五　Anatman：无我型 ………………………………167

第二节　5G时代未来政府智能体的基本形态 …………………168
一　政府决策智能化 …………………………………168
二　公共服务虚拟化 …………………………………172
三　行业监管精准化 …………………………………176
四　社会治理人性化 …………………………………177
五　行政过程移动化 …………………………………183

第八章　新平台新手段：构建物联、数联、智联的政府治理支撑平台 …………………………………………………………………186

第一节　打造万物互联的城乡智联神经网络 ……………………186
一　建设以5G为核心的城乡一体化物联网平台 ……186
二　构建ICT能力中心 ………………………………187
三　建设智能运营管理中心 …………………………187
四　建立基于5G的新型虚拟移动专网 ………………188
五　建立数据特征边缘计算与综合管理体系 ………188
六　实施促进算力资源空间优化的
　　"东数西算"工程 …………………………………189

第二节　构建全国一体的国家数据中枢系统 ……………………190
一　打通政-政通道：完善国家数据共享
　　交换平台体系 ……………………………………191

二　打通政-企通道：完善国家公共数据
　　　　开放体系·················191
　　三　打通企-企通道：探索国家数据资源流通
　　　　交易体系·················192
　　四　打通企-政通道：建立完善社会化数据
　　　　采集体系·················193
　　五　建立国家数据一体化组织管理体系········194
第三节　建设统分结合的国家治理大脑体系··········194
　　一　建设统分结合的国家治理大脑平台········194
　　二　建立国家数据应用公共服务平台·········195
　　三　搭建面向社会用户的数据应用集市········195
　　四　推动四类应用试点先行先试···········196

第九章　新模式新机制：探索5G时代数字经济新型"举国体制"······198
第一节　坚持顶层推进·················199
第二节　创新投资模式·················199
第三节　强化协同创新·················200
第四节　加强国际合作·················201
第五节　推进队伍建设·················201
第六节　推进试点示范·················202

缩略语······················203

参考文献·····················205

上篇

第一章

发展机遇：5G 是破题高质量发展的重要抓手

第一节 引领未来的机遇

当今世界，随着通信技术、互联网、人工智能、物联网等新技术飞速发展，原有的产业链、价值链正在裂变重塑，新的生态系统不断涌现，万物互联化、数据泛在化的大趋势日益明显，人类社会正在进入以数字化生产力为主要标志的全新历史阶段。数字化交叉领域创新成为新一轮科技革命和产业变革的制高点，各种技术碰撞带来的发展机遇和挑战前所未有。习近平总书记指出："进入 21 世纪以来，全球科技创新进入空前密集活跃的时期，新一轮科技革命和产业变革正在重构全球创新版图、重塑全球经济结构。以人工智能、量子信息、移动通信、物联网、区块链为代表的新一代信息技术加速突破应用……学科之间、科学和技术之间、技术之间、自然科学和人文社会科学之间日益呈现交叉融合趋势。"

当前，新一轮科技革命的一个重要特征，就是数字化技术创新与生命科学、能源技术、先进制造、空间海洋探测等领域技术创新出现深度融合交叉的态势。全世界每年生命科学领域产生的数据总量高达EB级，仅国际上公开的生物数据就达450TB；空间科学领域，每天全球卫星等系统产生的对地观测数据达到TB级。从某种意义上说，当前的生命科学、空间科学、能源科学都是数据科学，其创新模式严格遵循数据驱动型创新范式。在产业应用方面，数字化技术更是为产业升级发展提供了强大的驱动力。据估算，随着传感器、人工智能等数字化技术在能源领域的广泛应用，到2050年，全球能源系统内各分支的一次能源需求和成本将降低20%~30%。可以说，数字化技术已经成为驱动我国经济实现高质量发展的第一引擎和核心动力。

过去几十年的信息革命为人类发展提供了广阔的空间，也为中国的发展铺设了一个新赛道。无论从全球来说还是从中国来说，信息革命为人们的生活带来了便利，也为企业的发展带来了机遇，给政府带来了高效。尤其中国在信息革命的浪潮中通过不断努力抓住了机遇。从1G时代到5G时代，中国在移动通信标准和核心技术领域走过了从入场、跟随到领跑的发展历程，诞生了一批有国际竞争力的公司。一方面通过信息充分互通提升了中国整体效率，催生了中国的数字经济快速发展；另一方面增强了中国产业的对外高端合作，扩大了中国的国际影响力。

一　万物互联的世界

人类一直有个万物互联的梦想。过去移动通信在人与人之间从少到多再到普遍联接的过程中起到了巨大的作用，未来新一代的移动通信技术将在人与物、物与物的联接中发挥决定性作用，实现真正万物互联的世界。

在过去的四十年时间里，无线通信技术经历了4代，初步解决了人与人之间联接的问题。1G（AMPS/TACS）支持模拟语音通信，让写信逐渐成为历史；2G（GSM/CDMA）支持数字语音和短信，增强安全性，使固定电话被逐步替代；3G（WCDMA/CDMA2000/TD-SCDMA/WiMAX）支持移动互联网业务，进一步增强安全性，大大拓展了互联网应用范围，同时使得低时效的纸媒逐步被边缘化；4G（LTE-FDD/LTE-TDD）支持增强的移动互联网和视频等大流量业务，速率大幅提升，网络架构得到简化，智能手机时代到来。手机开始逐步取代电脑的主导地位，大大方便了人们的工作和生活。

5G在增强人与人联接的同时，将带领人类进入人与物、物与物普遍联接的崭新时代，并结合人工智能深入行业应用，构建万物互联的智能世界。

华为《全球产业展望 GIV 2025》（Global Industry Vision 2025）报告指出，相比2018年，预计到2025年，全球所有联网的设备总数将从340亿增长到1000亿。其中全球个人智能终端数量将从200亿增长到400亿，智能手机数量将从40亿增长到80亿，可穿戴设备数量将从5.5亿增长到80亿，智能家居等也会快速增长。人均口通信流量将从 1.2GB 增长到 4GB 以上，其中人均日移动通信流量将从 0.15GB 增长到 1G。

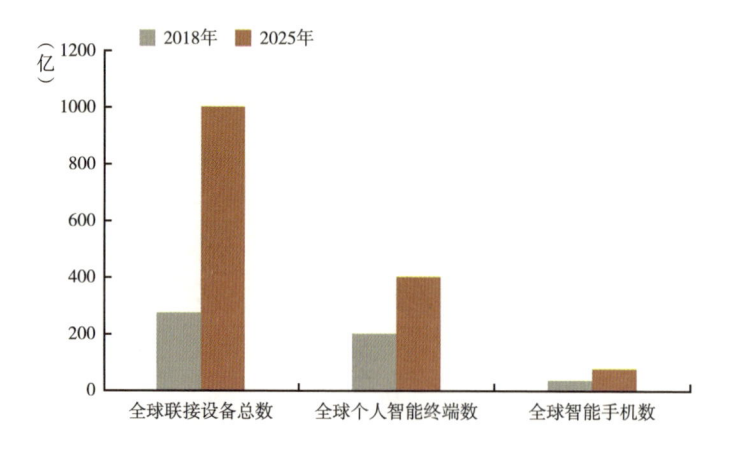

图1-1　2025年全球及个人智能设备数量预测

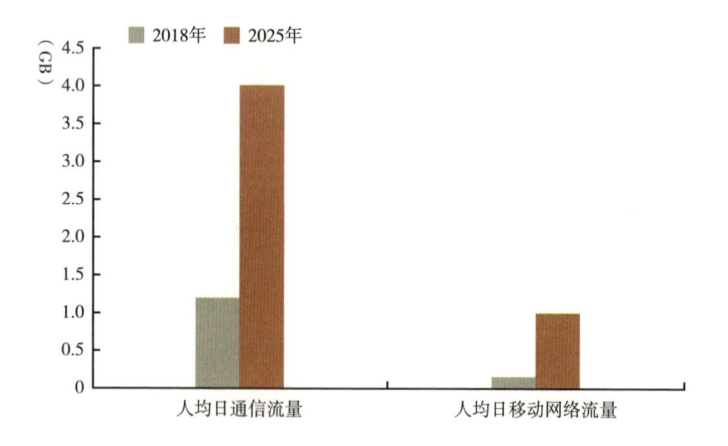

图1-2　2025年人均日通信流量和人均日移动网络流量预测

数据量大幅增长带来的基础设施扩张是否会对环境带来新的挑战，这也是高质量发展关注的一个重要课题。得益于以 5G 为代表的新 ICT 技术采用了更多的低能耗方案，ICT 产业平均每联接的年碳排放量将从 37 千克下降到 15 千克，总碳排放量仅增加了 2 亿吨（从 13 亿吨到 15 亿吨），而 ICT 产业为全球各行业带来的年减碳量为 40 亿吨（从 60 亿吨到 20 亿吨），ICT 产业发展带来了 20 倍的能耗收益。

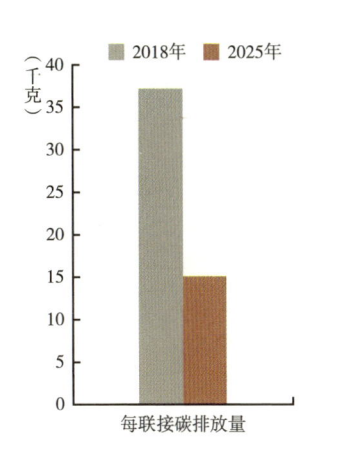

图1-3　2025年每联接碳排放量预测

二　泛在智能的世界

近 10 年，以 CPU、GPU 为代表的计算单元性能每 18 个月增长一倍。进入后摩尔定律时代，随着以 NPU 神经网络计算为特征的 ASIC AI 芯片逐渐普及商用，单体运算单元的算力更强大、功耗更低。另外，随着通信技术的快速发展和实施，光纤、无线的传输速率和质量大幅提升，为云计算的落地提供了必要的网络基础，由此实现的分布式计算架构进一步提升了综合算力。预计2025年，企业（不含小微型）的云服务采用率将达到100%，企业（不含小微型）的应用云化率将达到85%。人工智能在历史发展中遇到的算力需求得到基本解决。

移动互联网以及互联网本身的发展持续改变人类的生活工作方式，与此同时，大量的生活工作环节实现数字化，视频、物联网等技术的发展也带来了数据量的爆发性增长。2018年全球产生的数据总量相当于之前整个人类文明所获得数据的总和，预计2025年全球的新增总数据量将会达到180ZB（1ZB代表的数据量就相当于地球上所有沙子的数量）。一方面是总数据量的成倍增长，另一方面是可获得的数据种类也大量增加，至此人工智能发展的另外一个必需项数据也得到了满足。

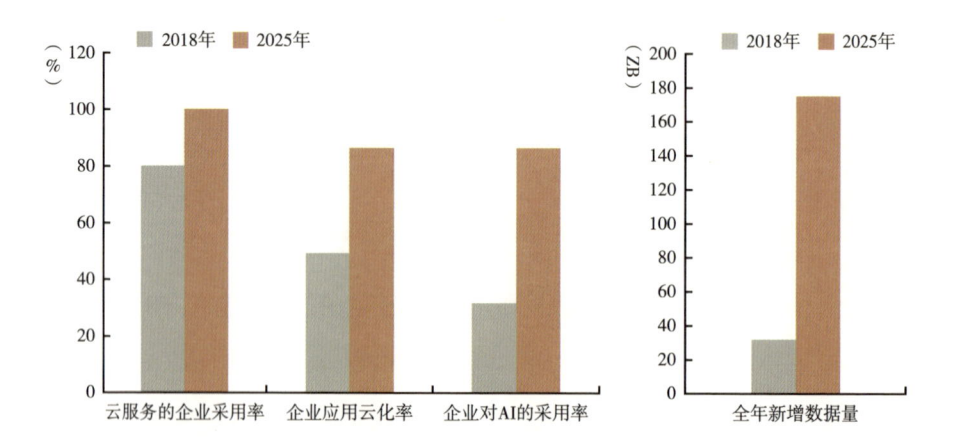

图1-4 2025年企业云、AI采用率及全球新增数据量预测

强大的算力和丰富的数据，结合 20 世纪 60~90 年代就持续发展成熟的人工智能系列算法，其共同为人工智能的泛在发展奠定了基础，预计到 2025 年，企业对 AI 的采用率将达到 86%。

三　高质量发展的世界

人类历史发展的进程本身是一个加速的过程，人类从狩猎时代过渡到农业时代花了数万年，从农业革命到工业革命花了数千年（18 世纪 60 年代），而从以蒸汽机为代表的第一次工业革命过渡到以电气化为代表的第二次工业革命用了 100 多年（19 世纪 70 年代），接着到第三次工业革命即信息革命用了 80 多年（20 世纪 60 年代）。我们有理由相信，经过近 60 年后，第四次工业革命，即智能革命即将或已经启动，人类也将进入一个前所未有的智能时代。

而对于全球各国来说即将到来或者已经开始的智能革命会对全球造成什么样的影响还未知，谁能把握智能革命的脉搏，其必然能像前三次工业革命中的先驱国家一样取得成功。

纵观百年大国崛起历史，18 世纪，英国率先完成了第一次工业革命，造就了人类历史上的第一个"日不落帝国"；19 世纪，德、法、美等国抓住第二次工业革命的浪潮，崛起成为世界大国，涌现出法拉第（Faraday）、特斯拉（Tesla）、爱迪生（Edison）等杰出的科学家和 GE、Siemens、Daimler 等百年企业；20 世纪，美国开创信息化的新赛道，掀起以 ICT 为基础设施的第三次工业革命，延续美国百年世界霸主的地位，同时也涌现出 IBM、Microsoft、Apple、Google、Amazon 等世界企业垄断巨头。

回到中国来看，高质量发展正是当前我们面临的一个重要课题。

习近平总书记在党的十九大报告中指出："我国经济已由高速增长阶段转向高质量发展阶段，正处在转变发展方式、优化经济结构、转换增长动力的攻关期。"之后，高质量发展在多个重要场合被反复提及，习近平总书记强调，"高质量发展是我们当前和今后一个时期确定发展思路、制定经济政策、实施宏观调控的根本要求""我国经济由高速增长转向高质量发展，这是必须迈过的坎，每个产业、每个企业都要朝着这个方向坚定往前走"。高质量发展是对我国经济社会发展阶段变化和现在所处关口做出的一个重大判断，也是当前和今后一个时期谋划发展改革工作的根本指针。

高质量发展需要更强的创新性，以科技驱动经济增长成为主要动力，替代以要素推动增长，增长的效率更高，形成以创新为引领的创新型国家，人与自然和谐共生的绿色经济模式成为主流。

即将到来的智能革命将是推进中国高质量发展的重要引擎，世界各国在智能革命的进程中都在发现自己独特的优势，走不同的路径。对中国来说，一方面，我们的人工智能发展具有数据量大、人才储备多等市场优势；另一方面，我们也面临核心基础技术缺乏、创新基础薄弱等困难。尤其对标美国，我们在芯片、AI基础架构、底层算法上还有不小的差距。会不会有一条属于中国的独特路径，能让我们在这场革命中实现变道超车？我们认为5G的加速发展正为我们带来了这样的机会。

5G的加速发展会对社会形态带来巨大的变化。随着移动互联网的蓬勃发展，3G、4G等通信技术在中国互联网、信息化的发展过程中起到基础作用已经不容置疑。而移动通信技术目前的应用聚焦在个人用户，对行业、产业的贡献还比较小。5G 的到来，一方面加强了用户的移动上网体验，上网速率将提升 20 倍；另一方面为移动通信技术在企业的广泛应用提供了基础，5G 中的关键技术将帮助用户实现应用的超低时延，使一些高端工业制造实现无线化。同时 5G 也将提供超大联接，使万物互联真正成为可能。5G 技术能实现的空口时延可以达到 1ms，在每平方公里实现的联接数将达到百万级。

基于 5G 的主要特性，5G 将大大加强智能的普及和发展：首先，5G 使能的万物互联，将实现物理世界的全面数字化，许多之前无法数字化及联网的设备都将使用 5G 实现联网，并产生巨大的数据量，使人工智能需要的数据量和数据范围大大扩展。其次，5G 将大大拓展智能的应用范围，目前智能能力主要集中在云端，随着 5G 的加持，智能能力将通过云 +5G 大带宽通道，以及云 + 分布式智能结点 +5G 低时延通道扩展到联接可以到达的任意地点，真正实现无所不及的智能。

由于中国通过多年努力已经在 5G 的技术上取得领先，通过 5G 催生的分布式智能等新型技术架构会降低人工智能的使用门槛，各行各业的智能应用落地会大大提速；同时，广泛的行业实践会进一步推动人工智能基础理论和核心技术水平的提升，缩短与美国的差距，甚至实现反超。最终优化各行各业的生产模式以及社会和经济结构，帮助我国加速实现高质量发展。

小结：5G 使能世界实现万物互联和泛在智能，既是引领智能革命的重要抓手，也是破题高质量发展的关键。以 5G 为基础构建的万物感知、万物互联的新型基础设施体系世界将会以前所未有的速度和力度推动加速智能时代的到来，中国要利用5G的领先优势在智能革命的进程中抓住历史机遇，引领第四次工业革命，实现中华民族在新时代的伟大复兴。与此同时，由中国发起并推动的"一带一路"倡议和相关行动也将把中国在5G领域的实践推广到相关国家和地区，推动全球的高质量发展，解放全人类生产力，为世界繁荣做出新的贡献。

第二节　技术发展趋势

一　第五代信息技术的来临

自19世纪中期至今，信息技术发展经历了五个阶段：以电报、电话为代表的第一代信息技术（载体技术）、以计算机为代表的第二代信息技术（内容技术）、以互联网为代表的第三代信息技术（载体技术）、以大数据云计算为代表的第四代信息技术（内容技术），以及以物联网、数联网、智联网为代表的第五代信息技术（载体技术）。如图1-5所示。

1. 服务规模经济：第一代信息技术的产生

从19世纪中期到20世纪初，以铁路邮件、电报、电话等信息技术为代表的第一代信息技术开始产生，为企业开展大规模的工业化生产提供了技术条件；而大规模工业化生产所产生的巨大信息量，又催生了信息技术的下一次革命，即以计算机为代表的信息处理技术的革命性进步。这一时期的信息技术革命的主要特征，就是电首次作为信息的载体被引入。这是人类通信史上的革命性变化，因为电信号能

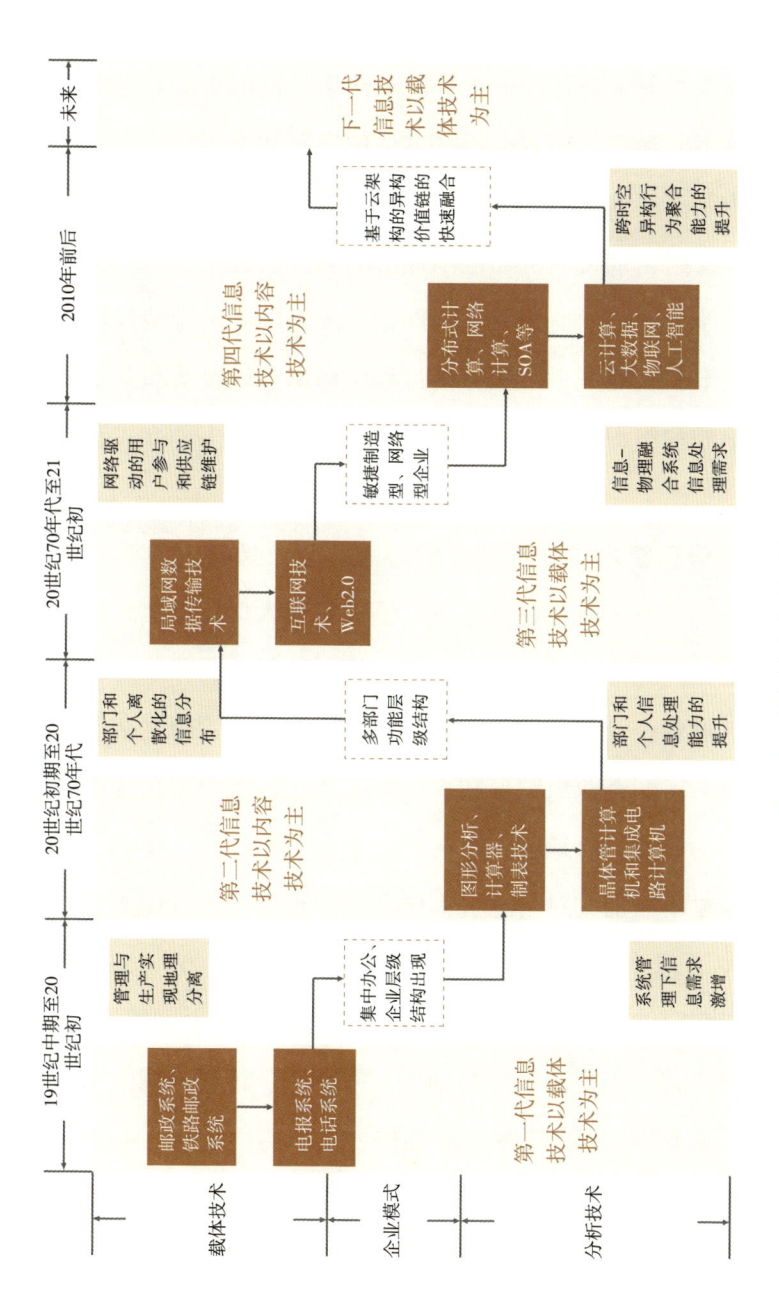

图1-5 信息技术发展历程

够瞬时穿越以往需要数周甚至数月才能穿越的空间距离。这种载体技术的巨大飞跃，对人类社会的生产活动产生了巨大影响。首先是空间不确定性的不断消弭。随着电报、电话的出现和大规模普及，以往在空间上因为距离遥远、通信时间漫长而产生的巨大不确定性被有效地消弭了。其次则是规模经济和范围经济的兴起。自19世纪中后期起，以电报和铁路为依托的交通及通信网络，大大降低了分销过程中的风险和储藏成本，从而为生产和分销过程中利用规模经济和范围经济奠定了技术基础和组织基础。而电话通信系统更是以多种方式塑造了美国的商业。

第一代信息技术对经济社会的影响。与信息技术领域的革命性进展相呼应，产业革命之后，工业产值和就业人口比重上升，工业部门上升为主导产业部门。在这一过程始终伴随着社会分工的出现和深化。同时，随着企业规模的不断扩大，组织层次和管理复杂性不断上升。一方面，工业企业组织形式发生巨大变化，大中型企业成为主导力量，大型企业成为跨地区、跨行业的企业集团，且大多数为股份公司。企业需要不断加大对信息咨询服务业的投资，而咨询业务的发展又直接催生了现代信息传输服务业的诞生和发展。另一方面，自19世纪50年代开始，工业企业开始大规模利用电报所提供的通信服务，有效地管理协调了公司的生产与销售，并在这一过程中催生了系统化管理思想，企业对信息的需求量和需要处理的信息量开始激增。

2. 应对海量信息：第二代信息技术的兴起

从20世纪初到20世纪70年代，以打字机、加法器、表格技术、图形表示技术、计算器、制表系统以及后来的计算机为代表的第二代信息技术，催生了诸如卡片数据分析服务、计算机系统集成服务、情报检索服务、个人信息处理、办公自动化、企业财务管理等一系列信息产业新业态。在企业管理领域，正是与规模经济和范围经济相适应的大规模层级式企业的盛行，使得企业总部汇集了来自各地各部门的大量信息，企业面临着前所未有的处理海量内外部信息的挑战，第二代信息技术的诞生正是以应对这些海量信息的处理为主要使命的。

第二代信息技术对经济社会的影响。大规模的遵循层级制管理制度的现代巨型企业，是世界经济的规模化运营时代发展到高级阶段的产物。然而，与规模化经营带来的交易成本降低相伴生的，是企业规模扩张带来的内部管理成本上升的趋势。这种大规模、层级式的企业管理需求，使得系统管理的思想开始盛行，这对企业信息化提出了两方面的需求：首先是全新的企业投资和成本会计方法的出现。新的会计方法以广泛的内部文档流动的方式收集和储存信息，并需要一套详细而复杂的体系来分析、处理和传送信息。其次，大型公司内部出现大量纵向和横向流动的信息。向下流动的信息包括规章制度、管理指令、操作规范、情况通报等，这些信息确保了大型公司各个业务环节基层人员操作的标准化。部门之间则通过横向的信息流动来实现生产的协同开展。从下向上流动的信息主要是下级向上级汇报的生产第一线的实际情况，以作为决策层实施监督和制定决策的基础。这一时期的信息技术进步，与信息产业新业态之间形成了一种比较显著的因果关系：首先，这一时期的信息技术在很大程度上消除了空间距离给企业生产经营活动带来的阻碍；其次，这种空间性的消弭，使企业的规模化经营和大范围经营成为这一时期经济社会运行的重要形态；最后，规模经济所催生的巨大信息服务需求，以及分工社会结构下的信息交易化的出现，成为现代信息产业产生的历史背景。这一时期信息产业的主要业态包括电报服务、现代邮政服务、电话服务、办公信息处理服务等。

3. 网络创造价值：第三代信息技术的变革

第二代信息技术诞生的产业基础，是大规模的层级式企业的盛行。然而，有意思的是，由于上述信息存储和分析技术的出现，部门和个人处理信息的能力大幅提升，反而导致"部门、个人以分散化的方式存储文件得以迅速蔓延"。这又催生了对公司内部乃至公司之间进行便捷和广泛的信息交流需求。正是这种需求，使得自20世纪中叶计算机兴起并在企业应用之后，企业经营者开始积极尝试将计算机通过网络连接起来，从而达到共享公司内部不同电脑内数据资料的目的。从20世纪70年代到21世纪初，以局域网、企业内联网、互联网等为代表的第三代信息技术，满足了个人和企业对信息交流和共享的海量需求，给企业的生产和经营模式带来了空前深远的影响。

第三代信息技术对经济社会的影响。网络技术的变革，对人类社会产生了巨大影响。计算机网络技术出现后的几十年间以让人惊讶的速度从广度和深度两个方面迅速拓展了原有的局部、稀疏的人类传播网络。计算机技术和网络技术的大规模普及，使人类知识和信息传播网络变得日益复杂和密集，其影响力也日益增强。随着时间的流逝，本来作为人类沟通辅助工具的网络，越来越成为人类大脑的重要延伸。甚至可以说，网络的出现最终"导致进化向纯粹思维的领域飞跃"。从人类交流的工具演化来看，借助网络和计算机技术的发明，人类才逐渐实现了多对多的大规模交叉互动。另外，网络时代可以看作是人类迈进新时代的一个过渡，因为网络，尤其是Web 2.0的出现，人类首次获得了在全世界范围内进行大范围交叉互动的能力，多对多的交互形式在全人类的层面上首次出现。在网络社会里，传统的科层组织结构在逐步瓦解，组织结构越来越呈现出高度有机、灵活的网络组织结构。网络时代到来之后，信息已经成为主导全球经济运行的一种关键性要素。信息技术不仅仅是用来提升产业的科技水平和生产制造水平，还是消弭行业企业之间的融合与互动的过程中面临的各种信息不对称和信息不充分问题的保障。在这一阶段，信息产业逐步转型为数字产业，开始进入高附加值阶段，同时，信息资源开始成为企业生存和发展壮大必不可少的资源，信息产业和数字产业逐渐具备成为国民经济中主导产业的潜在条件。

4. 迈向智能世界：第四代信息技术的转型

以云计算、大数据和人工智能为代表的第四代信息技术变革的技术本质，则是一种融合信息空间和物理空间的一体化运算模式，这种运算模式对于人类信息行为产生了深刻影响，并使人类行为空间中时空要素的无缝、平滑和一体化的处理成为可能。这种新的计算模式的一个重要特征，就是对以往异构的技术平台和业务模式以一种前所未有的力度进行整合。信息化进入新阶段，数字化的重点将是"万物数字化"，越来越多物理实体的实时状态被采集、传输和汇聚，从而使数字化的范围蔓延到整个物理世界，物联网数据将成为人类掌握的数据集中主要的组成部分，海量、多样、时效等大数据特征也更加突出。智能化作为刚刚开启的信息化新阶段的主要特征，通过各类智能化的信息应用帮助人们判断态势、预测趋势并辅助决策，当前仍处于起步期，本质上还是数据驱动的智能。相信随着信息技术的不断进步、信息应用智能化程度的不断提升，数据资源蕴藏的巨大能量将会不断释放，进一步惠及人类社会。

第四代信息技术对经济社会的影响。在第四代信息技术变革大规模普及的历史背景下，企业、机构和个人等各类社会主体的信息行为和信息需求也将随之产生复杂而深刻的变化。在第四代信息技术的图景中，具备全新形态的群体性行为的大规模涌现，将成为第四代信息技术框架下的经济社会数字化转型的新模式。在企业层面上，第四代信息技术平台的异构整合，使应用层面上不同主体行为之间出现了"平滑的过渡"，而这种人类信息行为模式的变化，最终体现到企业业务运作上，就是现代企业管理越来越趋向于快速反应和组合创新的模式发展，业务平台的交叉联动成为现代企业管理的核心理念。第四代信息技术的诸多应用模式，如云计算、分布式计算、网格计算等，是深深扎根于以网络技术为代表的第三代信息技术的土壤之中的，但其将分布在物理环境各个角落的信息终端通过网络和云平台连接成为一个有机体，形成信息空间和物理空间紧密联动的格局，从而有效消弭了网络时代"计算""通信"和"控制"过程之间的技术隔阂，最终将在信息化、数字化、智能化领域推动全球迈向"智能世界"。

5. 实现三域互联：第五代信息技术的来临

我们处在以大数据、云计算等内容为代表的第四次信息革命阶段，按照载体—内容交替演进规律，和吸纳—融合螺旋上升律，下一代信息技术将是一个在吸纳融合现有大数据智能化基础之上的新的技术形态。在 5G 通信技术的推动下，第五代信息技术的代表，将是"物联网—数联网—智联网"三位一体的未来网络。随着 5G、大数据、人工智能等新一代通信技术的诞生和快速发展，在宏观层面，人工智能技术的发展，正在引发从物联网到智联网的演进趋势，即人类世界正在实现"万物感知"向"万物互联""万物智能"的过渡，在 AI 的框架下，物质与物质间将无时无刻不在保持连接沟通及信息互传，人类社会将走向去中心化式群体智能。在新一代信息技术的背景下，在人与人互动的层面上，机器被"消解"了；而在物与物互动的层面上，人又被"解放"出来。在过去，物与物之间的互动，除了遵循自然界的运行规则之外，在人类生活的世界中是无法自动实现的，而必须通过人来作为物物相联的中介，从而遵循"物—人—物"的活动链条。新一代信息技术在控制维度上的革命性进步，就是"嵌入"的理念：通过在各种物体中安装嵌入系统，一方面，感知物体的温度、质量、位置、活动状态等实时信息；另一方面，还可以根据接收到的指令或信号，控制物体进行一些基本的动作。在很多个安装了嵌入式系统的物体之间，可以通过传感器、云平台、通信网络和 RFID 等技术实现简单的相互"对话"，物与物之间可以不经过人的判断和调度而直接开展相互配合，形成了"物—物"的互动链条。所谓物联网，实际上就是实现了这样一种物与物"直接对话"的理念。在这种模式下，人从上述链条中被解放出来。当然，所谓"解放"，并不是说人在物与物的互动之中完全缺位，而是人类不再从事一些简单的事务性和操作性的工作，而代之以机器自动执行，人们可以用更多的精力投身各种复杂的思维活动和人际交往之中而已。未来，各种重复性、操作性的服务行为在服务经济活动中所占的比重将大大降低，服务者之间的协作将主要体现为知识交流与联合创新，服务经济活动将真正实现以知识为驱动，以人才为根本，以联动谋创新，并通过人才的发掘、聚集、培育和有效使用，使各种潜在的服务需求得以有效发挥，变幻莫测的外部服务环境得以有效应对，各种配套项目或工程得以有效实施，持续性发展需求得以有效满足。

新一代信息技术的智能性，是源自其宽带、融合和泛在的网络架构，使得全世界范围内的用户具备了共享智慧的基础。未来有一天，随着整个人类社会因为新一代信息技术的普遍应用而具备了全球性的动态结盟和泛在交流能力，人类社会的组织结构将从目前以层级结构为主的系统模式向以松散结盟和动态演变为主的生态模式转变，而这也将给当前的社会结构带来颠覆性效应——"全球脑"将有可能因此而形成。

二　5G发展形势

从移动通信产业的发展来看，大约每隔10年会进行一次换代，以满足人民群众和各行各业涌现出的新需求，从1980年代上市的1G模拟语音系统（代表企业Motorola），到1990年代上市的2G数字语音和短信系统（代表企业Nokia、Ericsson），到2000年代上市的3G移动互联网系统（代表企业Apple、Ericsson），再到2010年代上市的4G移动宽带系统（代表企业Apple、华为），直到马上要到来的5G超宽带、万物互联系统，将全面使能智能社会。

1980 1G AMPS模拟通信 代表厂家Motorola

1990 2G GSM数字通信 代表厂家 Nokia、Ericsson

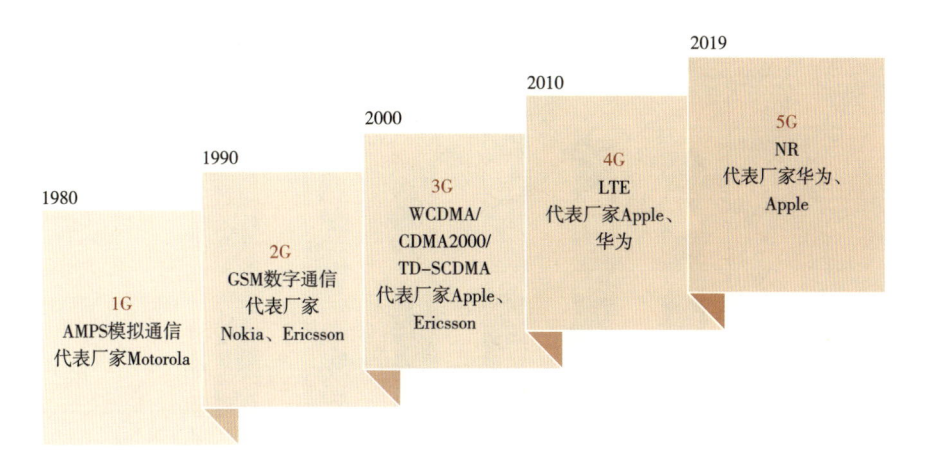

2000 3G WCDMA/CDMA2000/TD-SCDMA 代表厂家Apple、Ericsson

2010 4G LTE 代表厂家Apple、华为

2019 5G NR 代表厂家华为、Apple

图1-6　移动通信发展历程

1. 5G 对经济的巨大拉动作用，使得各主要经济体争先抢占这一未来十年的战略制高点

经 5G 权威机构 GSMA 测算，全球，2018 年移动通信产生了 3.9 万亿美元的经济贡献，占全球 GDP 的 4.6%；预计到 2023 年移动通信经济贡献将达到 4.8 万亿美元，占全球 GDP 的 4.8%。

在中国，2018 年移动通信产生了 7500 亿美元的经济贡献，占 GDP 的 5.5%，预计到 2023 年将达到 8700 亿美元。同时，中国将引领 5G 发展，到 2025 年，中国 5G 渗透率将超出全球平均水平 10 个百分点，将成为最大的 5G 单一市场，对 GDP 的贡献将超过万亿美元。

图1-7 全球移动通信经济贡献量预测

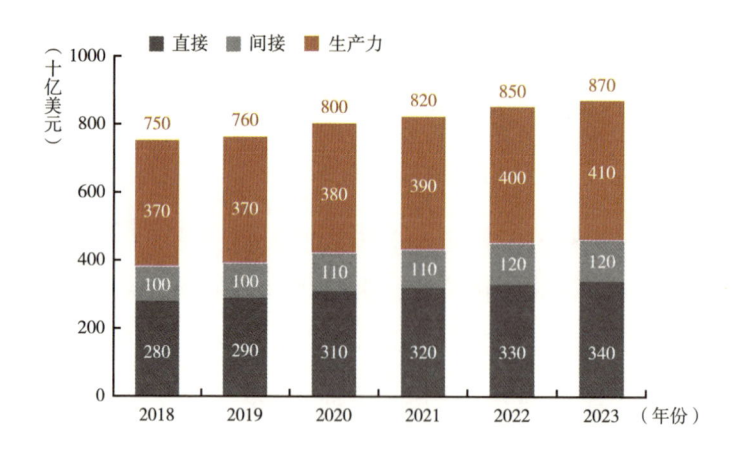

图1-8 中国移动通信经济贡献量预测

美国2018年推出"5G FAST PLAN"国家战略,联邦通信委员会(FCC)牵头全面加速5G布局,确保美国在5G中处于领导地位,期望促进就业和经济增长,保护国家安全。欧盟于2016年7月发布

《欧盟 5G 宣言——促进欧洲及时部署第五代移动通信网络》，明确将发展 5G 作为构建欧盟"单一数字市场"的关键举措，旨在使欧洲在 5G 网络的商用部署方面领先全球。英国于 2017 年 3 月发布《英国 5G 战略：下一代移动技术》，旨在尽早利用 5G 技术的潜在优势，建立在移动通信领域的领导地位。日本也将 5G 作为国家战略，从 2017 年开始 5G 技术试验，计划在 2020 年东京奥运会正式大规模商用。韩国于 2015 年发布《5G 国家战略》，投入 1.6 万亿韩元（约 14.3 亿美元）促进 5G 建设，已经在 2018 年冬奥会期间预商用。

2. 中国在 5G 领域，战略布局早，商业和技术领先，市场潜力巨大

中国高度重视 5G 技术发展，2019 年 1 月 25 日，习近平总书记主持中央政治局第十二次集体学习会时指出，"随着 5G、大数据、云计算、物联网、人工智能等技术不断发展，移动媒体将进入加速发展新阶段"。国民经济和社会发展"十三五"规划纲要明确提出"积极推进第五代移动通信（5G）和超宽带关键技术研究，启动 5G 商用"。2017 年，5G 首次写入政府工作报告，"全面实施战略性新兴产业发展规划，加快人工智能、第五代移动通信（5G）等技术研发和转化，做大做强产业集群"。2018 年 12 月中央经济工作会议明确提出"加快 5G 商用步伐"，并将其列为 2019 年的重点工作任务。

2019 年中国 5G 国家战略提速，提前一年在 2019 年 6 月 6 日发牌，低频 2.6GHz、3.5GHz 和 4.9GHz 等优质大带宽频段保证中国 5G 性能和成本持续领先，2019 年 100 个城市开始大规模商用，2020 年中国将实现百万站规模全国商用。

3. 中国在移动通信标准和核心技术领域走过了从入场、跟随到领跑的发展历程

2G/3G 时代，以欧洲主导的 3GPP 制定的 GSM/WCDMA 和美国主导的 3GPP2 制定的 CDMA 1x/EV-DO/2000 的竞争为主，同时，中国提出的 TD-SCDMA 也作为 3G 标准之一被 3GPP 采纳，中国首次拿到了移动通信领域的入场券。4G 时代，欧洲主导的标准演进到 LTE，美国 IEEE 紧随其后提出 WiMAX 演进标准，以期与 LTE 竞争，但最终失败，北电（Nortel）等设备商也因此退出全球通信设备产业的舞台。5G 时代，全球标准走向统一。

中国在 2G 时代基本没有通信的核心专利，3G 时代通过与欧洲标准组织合作，掌握了部分核心专利，并且在商用市场上取得了成功，4G 时代中国成为核心专利的主要持有方之一，5G 时代中国持有的核心专利数量已经位居世界第一。德国专利数据公司 IPlytics 的数据显示，在全球范围内，中国 5G 专利数量占 34.02%，韩国占 25.23%，美国占 14%，日本占 5%。

在欧洲电信联盟（ETSI）声明的 5G 专利中，华为 5G 核心专利族数排名第一，已经向 ETSI 声明了 2570 族基本专利（截至 2018 年 12 月 31 日），占比 22%（2570/11776），在 5G 领域位居第一，随后分别是爱立信（1444 族，12%）、诺基亚（1333 族，11%）、三星（1254 族，11%）、LG（1236 族，10%）、高通（1134 族，10%）、中兴（1029 族，9%）、Intel（567 族，5%）、中国电信研究院（543 族，5%）、Sharp（495 族，4%）、其他（181 族，1%）。

在 3GPP 5G 标准贡献方面，华为从 2015 年至 2018 年 9 月底累

计向 3GPP 提交 13000 多篇 5G 提案，位居全球第一，累计 5G 核心标准的提案通过数 2626 篇，位居全球第一，随后分别是爱立信（2024 篇）、诺基亚（1634 篇）、高通（673 篇）、中兴（529 篇）、三星（507 篇）。

同时，华为率先推出 5G 终端芯片和网络设备芯片（巴龙 5000/天罡等），领先全球。

4. 5G 时代全球统一标准是不可逆转的历史趋势

以中国和欧洲为代表的 3GPP 力图统一全球人与人、人与物、物与物之间的连接标准。首先，个人通信的相关标准如 GSM、CDMA、LTE、WLAN 等将走向统一。其次，物与物之间连接的各种标准如 LoRa、SigFox、NB-IoT 等也将走向统一。标准的统一会为广大消费者和企业带来非常大的便利，消费者不用担心全球漫游涉及的不同制式问题，企业也不需要为了满足不同制式购买不同的通信设备。

5. 各个标准组织和行业联盟都在推动 5G 产业的繁荣发展

除了 3GPP 和国际电联（ITU）外，运营商 5G 工作组（NGMN）等 5G 全球标准组织，以及欧盟 5G 研究组（5GPPP）、日本 5G 推进组（5GMF）、韩国 5G 论坛（5G Forum）等主流的区域标准组织，也在同时推动 5G 技术创新。华为倡议或参与的 5G 车联网联盟（5GAA）、5G 智能制造联盟（5G ACIA）、5G SA 切片联盟、智能电网联盟（Cigre D2）、数字天空联盟、无线医联网特别兴趣组（SIG）等行业组织，也在积极推动 5G 的行业应用落地。

6. 2019 年，是全球 5G 的商用元年

首先，全球 5G 频谱及牌照发放加速，截至 2019 年 5 月，已有 27 个国家发牌，除美国以毫米波（mmWave）为主频段外，其他国家大部分均以 C-band 为主（3.5GHz 为典型频段），中国 5G 提前 1 年于 2019 年 6 月 6 日发牌，中国移动将得到 160MHz 带宽的 2.6GHz 频段的频谱以及 100MHz 带宽的 4.9GHz 频段频谱，中国电信和联通为 3.5GHz 频段各 100MHz 带宽。德国、日本等除了正常给运营商发放牌照外，还考虑单独发放 5G 的行业专用频谱给各大工业企业专网专用。其次，运营商建网节奏加快，以中美日韩及欧盟部分国家为首的各大运营商均在 2019 年正式商用 5G 服务。2020 年预计全球主流国家都将推出商用网络。最后，5G 终端商用进度加快，从 2018 年中 5G 标准冻结，到华为在 2019 年 2 月在巴展发布 5G 手机 Mate X 和 5G CPE Pro，只有半年左右的时间，三星、中兴、小米、OPPO、OnePlus、LG 等也将在 2019 年陆续推出 5G 手机。而 3G/4G 从标准冻结到终端发布，都用了 3 年时间，5G 的终端商用速度远远快于 3G/4G。

综上，全球主要经济体的战略投入、各标准组织对产业应用的推动、产业链的快速成熟，以及各国运营商面向企业市场的产业转型决心，都驱动了 5G 快速发展。各种制式用户规模从零增长到 5 亿，3G 用了 9 年，4G 用了 6 年，我们预测 5G 将只需要 3 年！这意味着 5G 带来的产业爆发力不可同日而语。

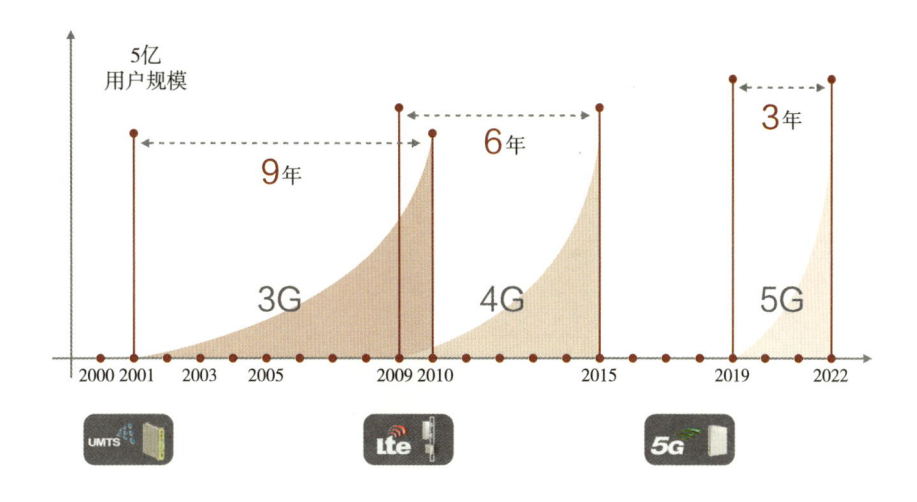

图1-9　5G用户发展速度预测

信息来源：GSMA。

三　5G特性及通用场景

面向移动数据流量的爆炸式增长、物联网设备的海量连接，以及垂直行业应用的广泛需求，作为新一代移动通信技术的全球标准，5G相对4G的单一MBB（移动宽带）场景，在提升峰值速率（eMBB增强移动宽带）、时延（uRLLC低时延高可靠通信）、移动性、频谱效率等传统指标的基础上，新增加用户体验速率、连接数密度（mMTC海量机器通信）、容量密度和能源效率四个关键能力指标。从指标对比可以看出，5G的速率、时延、连接等网络能力，相对4G跨越式提升。

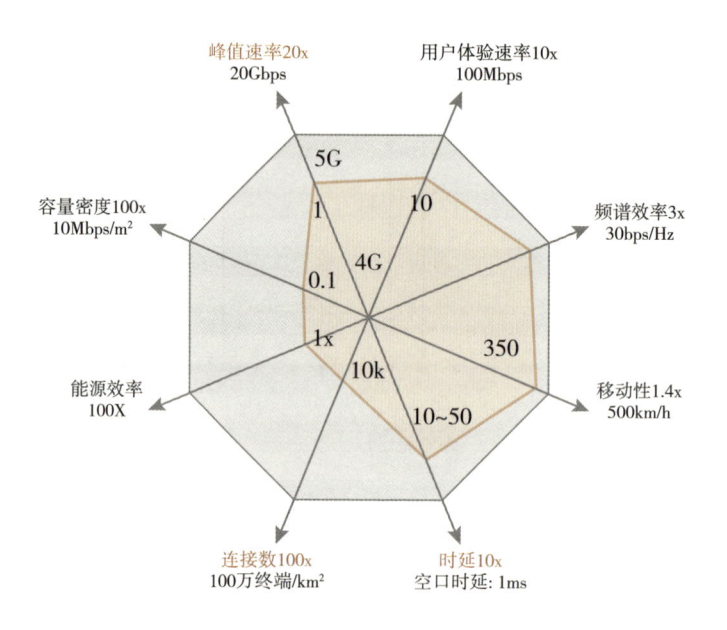

图1-10　5G与4G关键指标对比

信息来源：ITU-R M.2083-0建设书。

eMBB（峰值20Gbps）：5G有更多的可用频谱（3.5GHz、4.9GHz、mmWave）、更大的单载波连续带宽（5G 100MHz VS 4G 20MHz）、超大规模天线阵列（Massive MIMO 5G 64T64R VS 4G 4T4R）、3D智能天线beamforming等新技术的加持，给用户提供了前所未有的速率体验，将促进移动宽带持续发展，典型应用如3D、超高清视频（4K/8K）、云办公和云游戏。涉及基础网络架构和基础技术创新的面向eMBB的3GPP R15协议版本已于2018年6月完成。

uRLLC（空口1ms）：5G数据调度时间更短、终端回复确认消息更快、编码译码更简单、采用了MEC新架构等，大大减少了网络时延。5G将开启未来产业新蓝海，典型应用如自动驾驶、工业自动化、云化VR/AR、网联无人机等。面向uRLLC增强的3GPP R16协议版本将于2020年3月完成。

mMTC（百万/km²）：将拓展万物互联新边界，典型应用如智慧城市、智能家居等。面向mMTC增强的3GPP R17版本也在计划中。

能源效率：能效指每焦耳的能耗传递的数据流量（bps），能效越高，表示可用更少的能源来传递更多的信息。国际电联（ITU）定义的5G能效目标为提升100倍。影响能效的指标主要是每秒的数据流量。将天线与射频单元融合成为AAU，取消LTE的射频单元与天线之间的馈线，总体能效更高。无线应用场景复杂、业务多样，都会在

图1-11　5G特性的应用场景分布

信息来源：ITU-R M.2083-0建设书。

一定程度上影响实际能效。4G设备1度电的消耗，可支持的流量不超过300GB，而5G设备1度电可以支持超过5000GB流量，意味着在快速下载5000部超高清电影的同时，节省了10~20倍的能耗，能效提升超过10倍。随着技术的不断创新，5G能效还会更高。

各种典型场景的带宽和时延需求。

垂直行业包括千行百业，不同的细分市场业务对时延的要求也千差万别，表1-1是不同应用场景对时延和速率的需求。

表1-1 各种典型场景的宽带和时延需求

场景	应用	端到端时延	速率
自动驾驶	编队协调控制	<3ms	100Mbps*
	协同操控（碰撞避免/自动变道）	<10ms	100Mbps
	远程车辆操作	10~30ms	100Mbps
车载娱乐通信	8K视频、游戏、AR/VR，视频会议办公	<5ms	100+Mbps
虚拟现实/增强现实	VR远程动作控制（手术/无人机）	10~20ms	100+Mbps
	VR 360°直播	10~20ms	100+Mbps
	VR协作游戏	10~20ms	100+Mbps
	VR远程购物/教育	10~20ms	100+Mbps
	AR（游戏/导航）	20ms	100+Mbps
智能电网	高压配电	<5ms	<200Kbps
	中压配电	25ms	<200Kbps
工厂自动化	实时运动控制	<=1ms	—
	离散自动化（车辆等）	10ms	—
	生产自动化（远程控制）	50ms	—
	生产自动化（监控）	50ms	>60Mbps
超高清电视直播	单路8K	<200ms	>100Mbps

以上是指端到端的时延要求，包含了上层应用、核心网、传输、无线网络，所以无线网络的时延要求比表 1-1 的时间更短。4G 的无线网络时延大于 10ms，而 5G 即使不部署 uRLLC 功能，eMBB 业务的时延也比 4G 有大幅改善，达到 4~5ms。部署 uRLLC 功能可以进一步大幅降低时延（1ms），满足部分场景的苛刻要求。

典型应用举例 1：车联网 / 自动驾驶

车联网是移动通信技术在交通行业的典型应用，通信与智能汽车深度融合，通过整合人、车、路、周围环境等相关信息，为人们提供一体化服务。编队自动驾驶、自动碰撞避让、自动变道等功能要求端到端时延小于 3~10ms、可靠性大于 99.999%、网络传输速率大于 100Mbps、高安全性（网络切片冗余备份 / 加密增强），5G 将有效提升对车联网信息的及时准确采集、处理、传输、利用，有助于车与车、车与人、车与路的信息互通与高效协同，避免驾驶安全风险。

典型应用举例 2：智能制造 / 工业自动化

伴随我国加快实施制造强国战略，推进智能制造发展，工厂车间中将出现大量的协作机器人等自动化设备，实时运动控制等功能要求低时延（1~10ms），智慧物流、仓储等需要海量连接（10 万 ~100 万个），智能生产线的 AI 辅助摄像头视频监控需要大带宽（>60Mbps），5G 将广泛应用于工业领域满足这些需求，有效提升制造效率与管理水平。

典型应用举例 3：Cloud VR/AR

高带宽、低时延是 VR/AR 业务优质客户体验的关键保障因素。当前单体 VR/AR 方案因为终端算力受限、重量 / 体积大、成本高、网络带宽不足和传输时延大等问题，导致用户体验差、缺乏生态、难以推广。从网络带宽来讲，VR良好体验需要200Mbps以上的带宽，4G技术无法满足，而用有线的话，将限制用户的活动范围。从时延角度讲，当用户的头部旋转一定角度时，VR设备需要快速把连续的画面呈现给用户。如果延时过高，将导致画面转换时长超过人眼反应时间（20ms），用户会产生眩晕感。同时，VR对本地计算能力要求很强，导致功耗很大，需要持续供电，而5G的高带宽和低时延技术将实现计算能力放在云端，VR终端仅需保留显示和通信功能，功耗大幅度降低，使依靠电池长时间供电的优质轻便VR/AR成为可能。

典型应用举例4：无人机

无人机与地面的通信，主要有三种目的：图传、数传和遥控。"图传"，就是传输视频或图像，将无人机拍摄的视频或图像实时回传到移动终端设备上，比如VR、手机等。"数传"，就是传输无人机传感器和飞行数据。目前的连接技术限制了无人机的飞行范围，4G又无法解决大带宽及高空连续覆盖问题，同时，在精准遥控、与VR结合等低时延场景下，当前的技术手段也无法满足。

在大带宽、低时延场景下，无人机搭载5G和360度4K全景摄像头，将实现动态、高纬度的4K/8K超高清视频回传（矿山油气勘查、城市网格管理等），至少需要100Mbps以上传输带宽，5G的大带宽保障了上述场景。同时，要实现无人机实时精准遥控，需要20ms以下时延，只有5G可以满足，从而结合VR实现身临其境沉浸式远程控制。此外，分布式边缘智能计算节点可以在5G基站附近部署，无人机相关的数据计算，可以在分布式智能节点完成，而不用送往更远的云计算中心，从而保证了应用的端到端低时延场景需求。

在覆盖空域方面，3G/4G 网络对于高空覆盖有一定的局限性，对于高空需求如高空测绘、干线物流等无法满足，容易导致失联状况。5G 的大规模天线阵列，以及 3D 波束赋形技术，可以加大垂直方向的覆盖，可以以较低成本构建高空连续覆盖的网络，大大扩展无人机的飞行范围。

在飞行数据安全保障方面，相比 4G 或 WiFi，5G 也有明显的优势。5G 的数据传输过程更加安全可靠，无线信道不容易被干扰或入侵。

总而言之，5G 所赋予的高带宽、低延时、高精度、高安全，可以帮助无人机补足短板，解锁更多的应用场景，满足更多的用户需求。

典型应用举例 5：碳排放

基于 5G 的 ICT 产业自身碳排放增长幅度小：5G 能效提升 10~100 倍，相同数据流量的能耗呈相同比例显著下降。同时，5G 的大带宽和低时延特性推进更多的计算部署到云和边缘，算力得到共享，单位计算能效提升。当 2025 年全球每天人均数据流量增长 10 倍后，ICT 产业自身的能耗并不会大幅增长，碳排放量从 2018 年的 13 亿吨小幅增长至 15 亿吨。

5G 使能行业节能减排：5G 加速各行各业数字化转型，如智能制造提升了产品生产效率，相应的产品单位能耗降低；交通和物流消耗大量的能源，智能交通（铁路、公路、轨道交通、机场、码头等）和智慧物流通过线路规划或生产调度的优化，降低能源消耗；电动汽车的普及长期以来面对充电瓶颈，5G 使能的自动驾驶使汽车能自己寻找充电桩，充电问题不用再操心，电动汽车真正普及化，降低对化石能源的依赖；更多的碎片化新能源发电资源被充分利用，本地化的清洁能源比例越来越高。至 2025 年，以 5G 为代表的新 ICT 技术为各产业带来的全球节电量将达到 4.6PWh/ 年，每年贡献减碳量 60 亿吨。

从上述应用场景可以看出，5G 应用将与广泛的实体经济领域相结合，形成支撑数字化经济转型的关键基础设施，极大地推动实体经济转型升级和发展壮大。

四　5G 与大数据、人工智能的融合

1. 5G 将带来人类历史上史无前例的数据爆炸式增长

预计 2025 年，非结构化数据量在总数据量中的占比将达 95%，全球企业对 AI 的采用率将达 86%。借助大数据、人工智能手段进行更高效数据分析、处理、决策，将成为政府和企业核心任务之一。

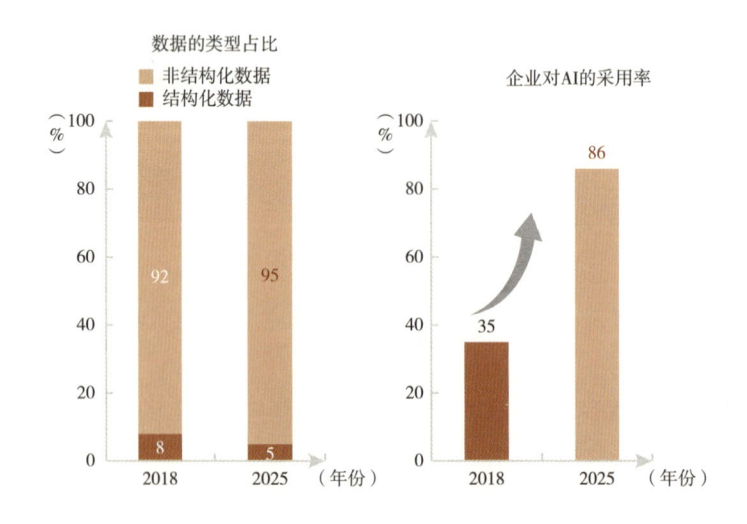

图1-12　5G将带来得数据爆炸式增长

5G 的发展带来政府和社会的数据结构发生变化。过去，政府数据占总数据量的 80%，5G 时代，社会数据将占总数据量的 80%。数据布局的变化，也将引起数据治理方式的变化，即从政府主导转变成政府与社会协同共治。

2. 5G 将极大拓宽人工智能应用场景和边界，使人工智能具备自主行动能力，形成可自闭环的智能体

5G 智能工厂、智能装备、智能机器人，具备自主学习、自主作业、自主控制能力；5G 车联网，助力自动驾驶提前了解复杂路况，提前预判和决策，提高人们出行效率和安全性。5G 智慧派出所，通过无人机、AR 眼镜进行犯罪现场勘察、犯罪份子无感知识别，进一步拓展办案手段，提升办案效率。

3. 5G、大数据及人工智能的深度交融使各类智能体升级到认知智能、类脑智能的阶段

5G 无处不在的联接，为人工智能神经网络模型训练提供了源源不断的数据源，而数据的治理是人工智能模型训练必不可少的环节，大数据挖掘和智能分析在其中发挥重要作用，为人工智能深度学习训练提供海量、有价值的训练样本数据，在这个过程中，各类智能体将逐步形成场景化的深度学习神经网络模型，促进智能体从数据智能向认知智能进化升级。在此技术上，探索类脑智能有了更坚实的基础。类似深度学习神经网络模型，类脑智能计算模型也需要进行大量的数据标注、训练，类脑智能模型可以继承深度学习积累的经验，伴随脑学科的研究深入，认知智能将进一步向类脑智能进化。得益于三者的有机协同，现有人工智能也将从感知型的弱人工智能向认知智能、类

脑智能等强人工智能升级演进与发展。

综上，5G时代的大数据与AI的融合发展，将最终实现联接一切、计算一切、认知一切。

五　5G与网络安全

随着行业数字化转型，越来越多的设备被联接，越来越多的业务上云，网络边界正在消失。互联网本身并没有绝对安全的环境，网络攻击是常态化的。新的业务如自动驾驶、智能工厂、远程医疗、机器人服务等，网络攻击可能导致生产大面积停工甚至人员伤亡。从世界范围看，威胁和风险日益向政治、经济、文化、社会、生态、国防等领域传导渗透，网络安全要求越来越高。

1. 万物互联的世界，网络安全呈现新特点

一是影响面更大。越来越多的企业数字化转型后，从未接受过网络攻击考验的内部系统暴露在互联网上，未弥补的漏洞可能在攻击中让企业损失巨大，关乎国计民生的企业被攻击甚至影响国家安全。二是攻击更隐蔽。万物互联，联网的海量设备增加了犯罪组织的利益诱惑，有组织的攻击者为了逃避追查，攻击手段更加隐蔽，难以被察觉。三是攻击手段更复杂。ICT系统构成复杂，有组织的攻击者往往拥有相关行业技术基础，综合分析系统所有可能的薄弱环节，并针对网络运维团队可能的响应措施进行综合攻击，如通过社会工程学手段获取用户邮箱、喜好，采用钓鱼邮件入侵并置入恶意代码，设置后门或破解密码后劫持应用系统，非法篡改模型、使用对抗样本等让AI识别错误，攻击能源基础设施导致抢修时无电可用，或让设备因停

电、过热而宕机，攻击呼叫中心让运维团队不能及时处理故障，删除日志记录避免被事后追查等。四是数据安全面临考验。数据生命周期由传统的单链条逐渐演变为复杂多链条形态，增加了共享、流通、交易等环节，数据的价值远比计算机信息系统的硬件价值或功能价值要大得多，硬件损坏或功能损坏经过维修重建就可以恢复，而数据被毁坏或被窃取所造成的后果更加严重，大数据成为企业重要的价值资产，也是国家重要的战略资源，数据应用场景和参与角色多样化，使数据安全需求外延极大扩展。五是物理攻击成为可能。随着服务机器人、自动驾驶汽车等可移动智能产品应用发展，如果可移动的智能产品被劫持，攻击者可以远程指挥，通过撞击或机械臂操作进行物理攻击，产生直接的物理破坏。

2. 智能防御，保护万物互联的智能世界

伴随着 5G、大数据、AI 等新 ICT 技术的发展，智能防御技术手段也在同步快速发展。未来万物互联的智能世界将要面临的安全挑战，将通过采用端到端全方位的安全防御手段进行防护，从而降低网络安全风险。例如，在数据采集时通过接口认证和鉴权手段防止伪造数据，加密传输防止数据被窃取或篡改，通过数据库防火墙等防止管理的数据被篡改或泄密，通过安全审计、数字水印等手段防止在应用过程中发生数据泄漏，全网协防的安全方案检查所有可能的漏洞，及时发现攻击行为并采取行动，使攻击者从入侵到成功攻击成为几乎不可能完成的任务。人工智能技术也引入安全措施中，通过学习攻击行为感知未知威胁，及时发现并清除恶意代码。对于可能伤及人员或产生重大损失的应用，应在关键时机可以让人介入，自动驾驶、服务机

器人或工业机器人等可一键停车。

3. 5G 让智能世界更安全

5G 使能了万物互联的智能世界，同时也适配行业智能化演进，在安全特性上进行了加强。从标准上看，5G 相比 4G 的安全增强主要体现在以下四个方面。一是密码算法增强：5G 当前已定义 256bit 密钥传输等相关机制，未来可支持 256bit 密码算法，以保证量子计算机出现后，5G 网络的密码算法仍然具有足够的安全强度。即使使用当前全球最快的计算机，破解通过 128 位加密的信息需要的时间以亿年计，而破解 256 位加密需要的时间以亿亿年计，计算机破解密码需要的耗电费用超过全球一年的生产总值，即使在未来算力大幅增长的情况下，破解加密信息仍然几无可能。二是用户永久身份加密：在 2G/3G/4G 时，用户的永久身份 IMSI（International Mobile Subscriber Identity，国际移动用户识别码）在空口是明文发送的，攻击者可以利用这一缺陷追踪用户。在 5G 中，IMSI 将以加密形式发送，以防范这种攻击。三是 PLMN（Public Land Mobile Network，公用陆地移动网）间端到端安全保护：运营商之间通常需要通过转接运营商来建立连接。攻击者可以通过控制转接运营商设备的方法，假冒合法的核心网节点发起攻击。5G 中定义了 SEPP（Security Edge Protection Proxy，安全边缘保护代理），通过 TLS（Transport Layer Security，传输层安全性协议）、JOSE（Javascript Object Signing and Encryption，Java 对象签名和加密）等 IP 安全机制，在传输层和应用层对运营商间的信令进行端到端安全保护。四是空口用户面完整性保护：在传统 2G、3G、4G 网络中，因主要是语音、数据业务，只对用户面数据进行了机密性保护，没有对其进行数据完整性保护，2G、3G、4G 可能受到攻击。比如，通信内容因为无线信号失真造成内容失真，但不影响用户语音通信、数据业务的正常使用，所以未考虑完整性保护，攻击者仍然可以篡改用户的通信内容。在 5G 网络中，IoT 终端通信内容、工业控制等消息承载在用户面数据中，如果被篡改，可能就给物联设备的控制带来风险，因而 5G 网络新增了用户面数据的完整性保护机制，防范此类篡改攻击。

4. 抢占安全制高点，才能保障全局性的国家安全

中国应该抓住 5G 的先发优势，建立在万物互联架构下的安全体系。借助掌握 5G 核心技术优势，加快 5G 技术在各行各业的应用，形成全球领先的安全标准，抢占安全技术制高点。

第三节　未来展望

5G、大数据、人工智能等数字技术是产业升级和创新的重要使能器，将开启信息化发展的新征程，催生各行各业的不断创新。移动网络将使能全行业数字化，成为基础的生产力。5G 的极致联接能力将促进政府和企业的数字化转型，改变人们现有的生产和生活方式，最终提升人们的生活品质和体验。

一　城市：智慧高效的城市治理

5G 的超高速率、超低时延和每平方公里百万联接，将引领一个

万物互联时代的到来。基于5G、大数据与人工智能等各种数字技术的融合，以及VR/AR、无人机、机器人等智能设备的广泛应用，城市治理将实现向数字化和智能化的方向转型。

运营管理： 城市管理者通过城市运营管理中心这样一个驾驶舱，可以全面掌握城市的运行指标，实时了解当前的城市各项业务的健康状况、城市治理及服务水平以及风险隐患分布。在重大事件发生时，可以调度多个业务部门的资源，比如人员、车辆、物资、机构协同运作，远程了解事件处置进展情况，真正实现运筹帷幄，决胜千里。

交通管理： 市民驾车出行会更加通畅，因为交通违章的人越来越少。由于5G可以解决高清视频、移动AR/VR的回传问题，以及 5G 和人工智能的深度融合，交通违章将被实时"发现"并实时推送给司机，这样既提升了管理效率，也给市民带来了良好的出行体验。

公共安全：未来，基于 AR 技术与人脸识别的结合，城市巡检的警察、海关查验的工作人员等可以通过佩戴便携式 AR 眼镜，对重点人群进行人脸识别、实时告警，及时采取行动。

应急管理：无人机被广泛应用于各种应急场景，当发生大型灾难时，如地震、燃气爆炸等，无人机可以替代人员迅速赶到现场，通过挂载 5G 模块 + 360 度全景相机，把实时情况及时回传给后端系统，使智慧城市运营中心呈现现场的高清画面，辅助实时决策。无人机在救援作业中，可以第一时间到达现场，实行灾难中救灾物资以及救援抢救中的医疗资源的投递等，提升救援效率，减少灾难损失。

办事服务：政务服务的办理将更加便捷，基于 5G 无处不在的联接，以及 AR/VR 等智能化手段，市民办理政务服务，不需要再跑到办事大厅，可以随时随地实现远程身份核验，从"只跑一次"做到"足不出户"。

公共设施管理：城市里的各种公共设施，包括桥梁、道路、水坝、公用电梯、公共娱乐设施等将一览无余，让人更加放心，管理人员可以实时掌握设施状态，进入老化期需要保养的公共设施会及时自动告警，并可以实现自动应急处理，及时发现风险，规避灾难的发生。

市民生活：未来，智能服务机器人将出现在人们生活的方方面面，它将成为解决劳动力问题的重要途径，送货机器人、看护机器人、AR辅助医疗机器人、管家机器人、导盲机器人、远程医疗机器人等将为人们提供各种各样的便利服务。

二 制造：传统制造的智慧转型

未来，5G与人工智能、大数据、工业互联网、物联网、AR/VR等先进技术协同，将升级传统制造业，提升制造业的产能和效率，解决传统制造业普遍面临市场需求响应滞后、生产线落后、生产周期长、运维成本高，以及人口红利消失、用工成本居高不下等问题，实现中国从制造大国向制造强国迈进。

柔性制造：制造企业的订单、采购、生产、物流等将被打通，实现线上接纳个性化需求、柔性制造、物料供应预测与精准采购、精准配送等，为细分市场提供差异化、个性化服务。柔性制造企业的发展将带来新商业模式的演进，个性化设计能力强的专业设计公司更容易获取订单，具有低成本、高质量优势的柔性制造企业更容易获得个性化定制产品的机会，设计与生产逐渐分离。例如，买鞋的客户在电商平台上通过需要的鞋子类型和颜色确定了某款产品，上传脚的尺寸（或脚的视频、图像）、自定义的LOGO等，订单生成后，生产企业通过需求平台抢单，与设计公司对接数据进行柔性制造，直至将产品送达该客户，人们差异化、个性化需求得到普遍满足。

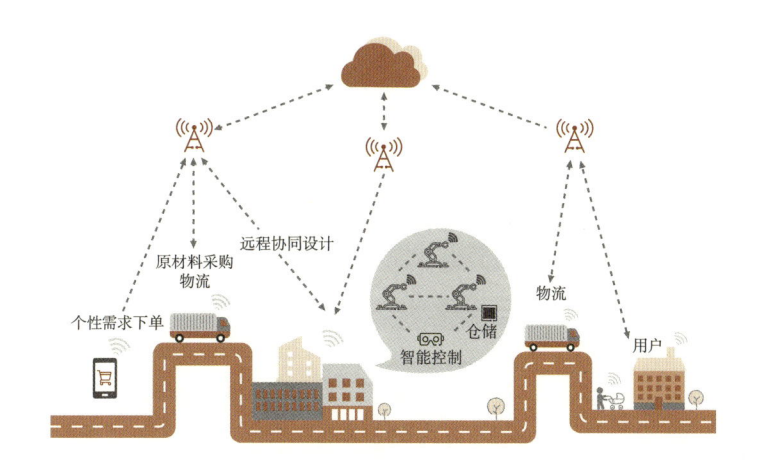

图1-13　5G与柔性制造

智能工厂：借助5G实现高可靠、低时延的通信服务（uRLLC），为物与物、物与人、人与物之间提供实时、可靠、安全的即时通信，解决传统技术，如Wireless HART等时延长、抗干扰能力弱等问题。5G将极大降低厂区智能设备之间、智能设备与核心控制系统的通信时延，为智能工厂各环节有序运行提供了保障。

首先，在生产自动化环节，借助5G海量联接能力，智能设备、工业机器人、核心控制系统之间能够实现数据的实时采集与控制。结合大数据和人工智能技术，从而实现主动预测问题并及时处理。在自动化作业过程中，借助光学字符识别（OCR）等计算机视觉技术，流水线机器人可以替代劳动密集型工种，精准识别坏件，与ERP系统联动，修补设计瑕疵，降低坏品率。同时，在时延极其敏感的高精度生产环节，工业机器人借助5G实时传输生产数据，实时执行核心控制系统操控指令，完成高难度的动作，比如毫米级焊接、钻石切割等。此外，加持了 5G 通信模块和本地 AI 推理芯片的工业机器人，可以像人类一样，在突发情况时启动应急预案，比如人员误入生产作业面时，立刻终止作业，主动触发视频告警，整个过程可以在 5ms 内完成。

其次，在智能运营运维环节，借助 5G+VR+AI，工作人员不仅可以 360 度无死角观察到整个生产车间的机器人的生产协作情况，同时，当 VR 眼镜在特定区域停留时，智能终端与后台信息系统联动，基于大数据智能分析以及专家经验，可以帮助工作人员精准识别故障类型，并给出解决措施建议。

最后，在智能资产增值利用环节，基于分布式人工智能体系，智能工厂可获得应需而变的持续升级能力。比如基于 5G 和大数据提供的海量价值数据，建立深度学习神经网络的模型，厂区所有机器人具备自主学习能力，智能工厂运营方可以根据市场需要，通过 AI 领域算法结合生产线要求，为机器人赋能，更新机器人技能，从而实现个性化生产和柔性制造，实现厂区机器人重复利用、投资保护的目的。因此，借助 5G+AI，智能工厂将具备中长期持续发展能力，不断适应市场变化、盘活资产、持续运营，实现商业成功。

智能供应链： 基于 5G、人工智能等技术，将实现海量货物的实时运输状态监控，支持端到端物流环节的动态跟踪。比如，工业机器人基于 AI 多模态感知和高精度地图导航能力，自主避障，自主导航，将货品运送到指定区域，供物流装箱使用。在装箱环节，利用 AI 计算机视觉，规避暴力拣货，根据货品大小、货品目的地，通过 AI 算法计算最佳物流路径，给出最合理的装箱方案，从而提高物流车空间利用效率，降低成本。

三 教育：身临其境的学习体验

传统教育面临很多挑战，比如到了教室才能接受教育，同年学生接受同等程度的教育，边远地区无法接受高质量的教育等。未来，将 5G、VR/AR、AI 等技术引入教学场景，将给学生带来不一样的学习体验。

虚拟课堂： 未来，5G+VR 等技术手段的结合将提供身临其境教学体验，辅助教师进行高效授课。在 VR 教育环境中，学生可以身临其境地探索教学场地，可以在各种场所与从未见过的生物进行互动，可以体验在现实生活中因太危险而不便接触的场景。想象一下，与一群恐龙同行，在火星表面漫步，探索人体内部世界或原子结构，会是何种体验。借助 VR，学生能够获得传统教材无法实现的沉浸式学习体验，实现更高的知识保留度。VR 能够改变我们学习方式，学校和其他教育机构已经开始使用这种前景广阔的新技术。

因材施教： 借助人工智能技术，将实现以人为本的个性化教学。实体课堂通过加持 AI 芯片、视觉识别和情感识别算法的智能摄像头，可以实时录制超高清视频，分析学生面部表情、情绪变化等，通过

5G 网络与后台智能系统实时联动分析，对异常情况及时预警。同时，通过大数据智能分析，形成每个学生课堂表现、专注度情况报告，为个性化教学、心理疏导提供价值数据参考。借助 OCR 技术，将学生历次试卷、作业录入系统，与知识图谱、知识库结合，通过大数据分析和 AI 算法，帮助老师实现智能阅卷、智能批改作业、智能分析学生答题的准确率情况，形成学生对知识点掌握程度的周期性分析报告，为老师给学生提供个性化辅导、制定个性化教学内容提供价值参考，从而改变过去题海战术、填鸭式教学模式，一定程度上杜绝学生厌学、弃学甚至轻生的现象发生。

教育机器人：借助语义分析、语音识别能力，与教育平台知识图谱、知识库结合，基于自然语言处理（NLP）技术，拓展服务机器人在教育领域的应用。比如弥补留守儿童陪伴教育的缺失，为幼儿提供早教启蒙等，通过教育机器人趣味性、互动性、有问必答等多种技能形态，激发孩子快乐学习、享受学习。

远程教育：5G+AI 的结合，将进一步促进传统远程教育系统的升级转型，不需要看录播，可以足不出户实时享受全球优质教育服务。比如 VR 远程实时课堂分享、跨时空互动。结合人工智能电子白板，实现异地超高清视频、数据、语音实时共享、互动、课堂讨论。结合 AI、大数据智能分析形成优质课件资源，形成智能订阅服务等。

四 金融：无处不在的立体金融服务

未来将实现无处不在的立体金融服务，基于 5G 网络无处不在的联接，实现随时随地随人随需接入金融服务。

立体金融服务：未来，银行开户，可以用 5G VR 对接虚拟柜台，银行对用户直接进行立体身份验证。人们出行购物、旅游不再需要携带现金、卡片和手机。对于对网络技术不太了解的老年人来说，不需要使用移动支付，就可以实现刷脸认证和刷脸付款。随着 5G 将联接的门槛大大降低，身边的办公桌、墙面、镜子、街边灯杆等都可以随时联网，实现在任意地点可以接入网络，也就可以实现在任意地点接入金融服务。

实时信用：基于区块链 +5G 实现实时信用体系，保障人们在任何交易中不用担心安全问题。凡是交易对象有不良信用记录的人或实体都会受到 AR 眼镜或者周边智能屏幕的实时提醒，阻断或进一步确认交易。更进一步说，因为信用降低带来的风险太大（导致生活大为不便），没有人愿意做降低信用度的事情，真正实现"天下无贼"。

智能金融中心： 到任何地方出差、旅游时，智能金融中心将会为个人自动做好换汇、购买保险等服务，并提供出行规划和预算规划。因为金融机构和沿途旅游景点和涉及的其他设施进行了对接，人们出游更加便捷，也不再需要对比价格了。

五　交通：无感知的出行体验

未来，自动驾驶以及车联网的广泛应用，将使智慧交通成为现实。在车联时代，路更透明，车更安全，全面的无线连接可以将诸如导航系统等附加服务集成到车辆中，以支持车辆控制系统与云端系统之间频繁的信息交换，减少人为干预。

5G 将可能成为统一的连接技术，满足未来共享汽车、远程操作、自动和协作驾驶等连接要求，替代或者补充现有连接技术。通过为汽车和道路基础设施提供大带宽和低时延的网络，5G 能够提供高阶道路感知和精确导航服务。ABI Research 预测，到 2025 年 5G 连接的汽车将达到 5030 万辆。汽车的典型换代周期是 7~10 年，因此联网汽车将在 2025~2030 年之间大幅增长。

那么，让我们畅想一下未来人们的出行。

市区出行： 首先由于 VR 技术的广泛应用，许多工作可以远程完成，本身就降低了城市拥堵机会。需要出门时 AI 提前规划错峰进一步提升效率。在决定出行时，可以选择自动驾驶共享汽车，由于共享汽车由 AI 通过 5G 网络统一调度，所有车辆基本都处于运转状态，对停车场停车位的需求也进一步降低，比其他出行方式更加省钱省时。

自驾旅行：如果需要自驾长途旅行，自动驾驶汽车驶入专门规划的 5G 车联网高速公路后，可以实现全程自动驾驶。车辆自动根据网络指令统一调度车速，高速车道车速可以提升到 150 千米 / 小时以上。并提前预知前方路况车况，避免危险因素。

其他交通方式：如果需要坐飞机或者火车旅行，自动驾驶汽车网络将与航空、铁路系统自动对接，完成行程全自动规划和执行。加上 AI 身份全自动识别，旅行者可以仅根据提示做上车下车动作即可完成全流程无感体验。

六　文娱：全息带来的颠覆式体验

全息技术正在走出科幻电影来到人们身边，并开始影响人们的生活。现在，观看一场大型全息演唱会已经成为现实。未来，随着 5G 和 AI 技术的快速发展，全息技术将迎来新一轮的应用爆发期。基于 5G+AI，通过全息技术与文化内容的深度融合，下一代文娱时代将加速到来，首当其冲的就是全新体验的电影和游戏。

5G+AI 可以支持多台全息设备联动，实现全息投影设备、控制设备等之间的协同。这将大幅改善当前全息体验在范围、内容互动设计等方面的局限，有望打造可实时变化的大场景、互动式全息体验。

全息游戏与电影：未来，游戏玩家们将可以"走"进游戏中来一场"真刀真枪"的比拼。游戏场景与装备选择均栩栩如生。每一场游戏犹如一次身临其境的冒险。电影观众也不再"看"电影，而是来一场置身其中的全新的体验之旅。你所"看"到的电影人物就"站"在你面前。

这种创新将极大地改变电影与游戏产业的模式，从内容策划、制作到受众互动模式设计等各环节将发生颠覆式的改变。

七 社会：高效便捷的生活方式

5G将人和物更广泛地联接起来，AI让机器可以像人一样感知物理世界，推动机器人、自动驾驶、VR/AR、智能可穿戴设备等应用发展，人们的生活和工作方式变得更便捷、高效和自由。

便捷办公：人们通过逼真的虚拟办公环境在家办公，物理办公室需求越来越少。外出时以搭乘自动驾驶车辆，由于道路不再拥堵，时间可以准确预计，不再需要预留弹性时间，工作按分钟计划并执行，效率很高。由于便捷出行、虚拟环境替代双重影响，人们对居住地要求降低，城市也因此变得更扁平。

随身翻译：任何人与外国人会议或在海外旅行时，佩戴智能可穿戴设备，用自己的母语交流，针对主要语言的翻译、同传等岗位将逐

步被机器替代。国际交流或宣传用的资料也可以用母语印刷，读者通过智能眼镜阅读、电子化携带。未来，外语作为通用课程的学习要求降低，更多地作为专业课程研究，推动机器翻译的进一步完善。

残疾人关爱：多数残疾或失能人士获得解放，如语音导盲、视觉障碍人士借助 OCR 发声阅读书籍、听障者借助机器交流（对方声音自动翻译成文字，或将对方声音直接传递到听神经）、将失语者的唇动转换成声音、通过机械外骨骼帮助失能人士行走或抓取物品等，大多数残疾人和失能人士可以借助辅助设备达到与正常人接近的生活水平。

机器人陪护：老龄化社会来临，老人陪护、小孩看护与教育辅导等需求增长，服务机器人将更多地进入家庭，承担家庭暖心陪护、教育辅导、保安、家政服务等职责。服务机器人自动预判老人和小孩的需求，主动读书、讲故事或笑话、唱歌、表演等，在指令下提供安全的服务，帮助并陪伴外出，服务机器人与宠物一样将成为家庭成员。

虚拟助理：每个人都可以拥有一个或多个虚拟私人助理，虚拟助理帮助自己安排工作或约会的时间，甚至可以代替自己工作，包括在社交圈展示自己美好形象等。虚拟助理、真实个人、类人机器人一起共同生活。同时，"人"的相关法律将可能成为新的社会学课题。

类脑智能交流：通过脑机接口设备，采集大脑皮层视听触嗅觉等不同认知区域的时空感知信息，类脑智能模拟大脑神经中枢计算，形成人类意识和对外行动表现，比如聋哑人、行动不便的残疾人，可以通过脑机接口设备传递大脑意念，无障碍实现与正常人沟通交流、控制机器人、家电设备的使用等。未来，随着类脑智能关键技术的突破，传统人与人、人与物的沟通交流方式将彻底颠覆，比如与朋友沟通，只需一个眼神，即可心神领会；与机器沟通，只需一个意念，即可传达。

八 医疗：关爱就在身边

5G 和人工智能的结合将颠覆传统医院运营模式，促进医疗手段更加多样化、智能化，患者足不出户可以享受到快捷、优质的医疗服务，有效缓解大医院资源不平衡困境，改善医患关系紧张的局面。当前，智能可穿戴设备、医学影像 AI 辅助诊断、5G 远程医疗手术、AI 辅助中医诊断等，在慢病早期预防、大病预警、疑难杂症诊断、应急救治等方面，正逐步替代传统就医模式，为百姓带去无微不至的关爱。

个人健康管理：在亚健康改善、慢病早期预防、突发性疾病预警等方面，借助 5G 低功耗柔性传感器，智能可穿戴设备的功能更强大，可以 24 小时不间断实时采集并上报人体相关指标，比如血压、心跳、脉搏、呼吸、运动、睡眠情况等数据。一旦发生异常情况，告警信息将及时推送到医生或者患者家人的手机。另外，借助人工智能算法，系统可以评估一定周期人体关键指标的变化情况，预判病情发展情况，为医生提供数据驱动的医疗决策，给出最佳的治疗方案。当前，柔性智能可穿戴设备已经在心脑血管等疾病早期的预测、预警方面开始应用。

医疗影像 AI 辅助诊断：以中国为例，全国宫颈癌筛选病理诊断专家大概只有 5000 名，全国筛选一遍大概需要 20 年，如果采用 AI 辅助诊疗，诊断效率可以提升 5~10 倍。据了解，基于华为云医学 AI 平台，AI 辅助宫颈癌检测正确判断病人的比例，又称灵敏度（真阳性率），超过 99%；在保证检测准确的情况下，正确判断非病人的比例，又称特异度（阴性比例），大于 80%。

借助 AI 不仅可以提高诊断准确率，还可以提升医院资源利用效率，帮助医生释放精力。以 CT 为例，大部分病人等待 CT 结果时间少则 30 分钟，多则甚至好几个小时，其中 80% 时间占用在于等待医生的诊断报告。若基于 AI 帮助医生诊断，病人等待 CT 报告的时间只需分钟级。

AI 辅助医疗诊断实现的前提是，医院需要完成电子病历、医学影像、实验数据等信息的结构化和数字化，在此基础上，建立医学人工智能平台，结合专家经验、知识图谱和大量的机器学习，形成医学影像辅助诊断视觉算法。智能设备和机器人借助 AI 视觉算法和医疗影像病历知识库，协助医生自动阅片和辅助诊断。得益于 AI，医生可以节省大量的时间释放精力去从事更深领域的医学研究。

远程医疗：基于在线视频、虚拟现实技术手段实现远程诊断、远程影像会诊、远程手术示教、远程监护等。对于应急、抗震救灾等紧急场景中，通过现场安装的无线远程影像工作站与后方医院无缝连接，借助现场医学影像数据信息设计抢救方案并指导现场医疗救助。

在偏远山区发生大型自然灾害等医疗专家无法及时赶到现场的紧急情况下，在 5G+AI 技术赋能下，医生可以实时操控智能机器人进行远程手术。远程超声通过 5G 网络信号将医生端设备与患者端设备建立连接，医生通过近端操纵杆可远程操作患者端机械臂上的探头在人体部位上移动和旋转，通过回传的高清超声影像检查患者的病情，从而实现医疗资源的公平化。

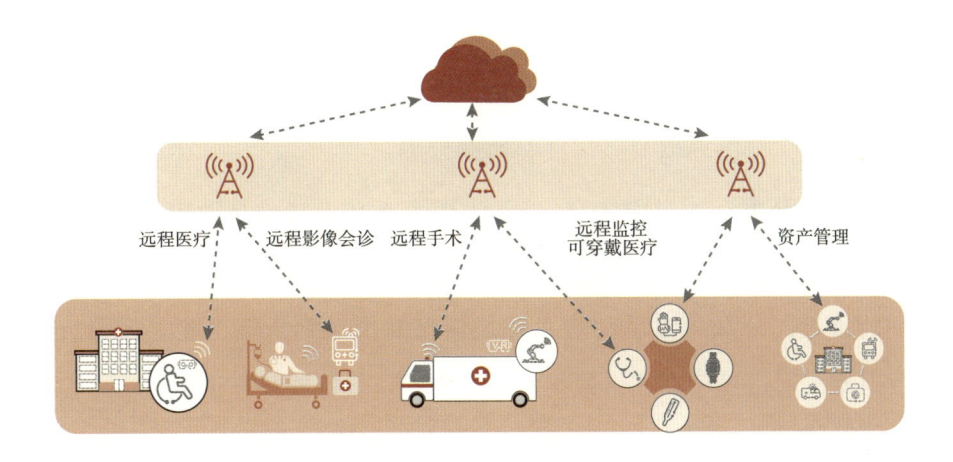

图1-14　5G与智慧医疗

医疗辅助机器人：未来，机器人在医院的采用，在某种程度上将缓解医院护理人员紧缺的问题。结合云端计算机视觉、语音识别能力，机器人将更加智能化、拟人化，病人可以远程进行 SOS 智能呼叫，同时，集成文娱功能，为病人提供情感关怀。

中医智能化：传统中医"望闻问切"过度倚重医生的经验，且中医专家资源稀缺。借助大数据和人工智能进行人体生物特征识别，有望将中医诊断过程客观化、量化，形成我国中医可传承的标准。比如综合节气、温湿度、舌像、脉象、工作节奏等综合信息进行亚健康以及病变判断，代替医生进行客观、精准的感知和判断，实现中医的辩证识质，这将在全民保健、未病方面的预防等领域发挥巨大的价值。

九　环保：还你一个绿水青山

绿水青山就是金山银山，美好的生态环境是人类赖以生存的根本。随着云计算、5G、大数据和生物技术等在环保领域的应用不断拓展和深入，环保科技将绿色技术融入各领域，从环境问题产生的根源采取措施，促进环境与经济社会协调发展。

垃圾分类：通过引入 AI、云计算等新 ICT 技术帮助市民有效识别"你是什么垃圾"，减少市民对垃圾分类的困惑。对于 AI 难以识别的垃圾，公众可以手动输入垃圾信息并传送到云端，建立云端 AI 数据库，通过模型训练，最终不可识别的垃圾也能快速识别。

动物保护：近年来，动物赖以生存的自然环境被掠夺式、粗放型的开发，导致不少物种濒临灭绝。譬如，热带雨林里，住着一群身材娇小的蜘蛛猴，然而近几十年来，由于它们的栖息地被不断破坏，受到滥伐森林的威胁、降水量的减少、旅游开发、被土著捕食等，数量正在急剧减少。

由于森林面积大，靠森林警察传统巡逻式的搜寻偷盗分子显得力不从心，而在未来可以应用5G+AI技术解决这一问题。通过在森林中各个重要位置部署监控终端，实时收集和传输音频、视频数据，对这些庞大的数据进行快速分析，准确识别盗伐树木、猎杀动物的异常情况，并发出告警及时阻止盗伐、猎捕的发生，同时精准定位异常地点快速出警处理，从而保护生态环境不被破坏。

森林防火：未来基于5G的消防无人机将能有效解决目前森林灭火效率低且可能引发人员伤亡的问题。无人机装载有5G模块和高清摄像机，消防员通过分析无人机实时传送回来的视频图像，能够知道火灾蔓延的路径，并且派出机器人建立隔离带，防止大火扩散。通过监测热量密度、是否有人困在浓烟区、风向等，帮助消防员清晰实时地了解火灾情况，高效且安全地实施救援和灭火。

十 能源：无处不在的电力保障

电力是第二次工业革命的发动机，至今仍是影响工业的主宰力量之一。电力用户希望用电成本低，而且永不停电。供电企业希望在满足用户需求的基础上高效运营。伴随着电力行业转型升级、电压等级持续提升、新能源发电集中并网，电力系统的运行更加复杂，对系统的调节能力要求进一步提高。5G将每一个电力节点联接起来，利用电力大数据平台进行能源调度和管理，充分利用比特（数据）来优化管理瓦特（能源）。同时，碎片化的新能源被高效利用，通过智能化的运维管理，实现无处不在的电力保障。

1. 匹配5G无处不在联接的众筹供电

支撑5G不间断。万物互联需要海量站点，由于"最后一公里"低压供电线路与居民生活充分接触，意外供电中断难以避免，给5G网络可靠性带来风险。充分利用各种站点资源，如通信基站、灯杆等，以部分站点引入市电作为骨干，每一个重点站点供电线路均与两个以上站点互联，形成站点群智能微电网，当本站供电中断时，除可以使用本地储能外，还可以从周边站点获得电能，实现不间断的供电保障，支撑5G服务不中断。

站点众筹供电多赢。以站点群微电网为基础，社会上的光伏或风能发电、储能、用电设备都可接入，供电和储能共享，如有空闲屋顶的家庭安装太阳能接入微电网，从运营方获得供电报酬，有空余房间的家庭安装储能设备，接入微电网后一方面作为用电设备的后备电源，另一方面在低电价时充电、高电价时放电，从中获得差价收益。

由于微电网支持发电、储能众筹，当运营商需要增补 5G 基站时，可以通过能源众筹降低供电投资，高额供电成本问题被解决，帮助 5G 网络实现纵深无缝覆盖。

为各行业数字节点不间断供电。随着电力众筹价值被挖掘，站点群智能微电网不断延伸，支持各行业获取不间断供电，如路灯、室外摄像机、交通控制红绿灯、危险区域指标牌、环境噪声传感器、空气质量监测传感器、广告牌、鱼塘增氧机、树林精确灌溉装置等，充电桩、加油站、城市屋顶、农村住房甚至健身房的自行车等都可成为微电网中的发电或用电节点。微电网越大，接入的成本越低，愿意加入电力众筹的家庭越多，最终实现占领屋顶发电、充满房间储能、随处不间断供电。站点群智能微电网中所有发电、储能、用电单元通过 5G 与大数据平台联接，通过能源智能调度，使站点群发电量最大、能耗损失最小、供电保障最优，最大化经济和社会效益。

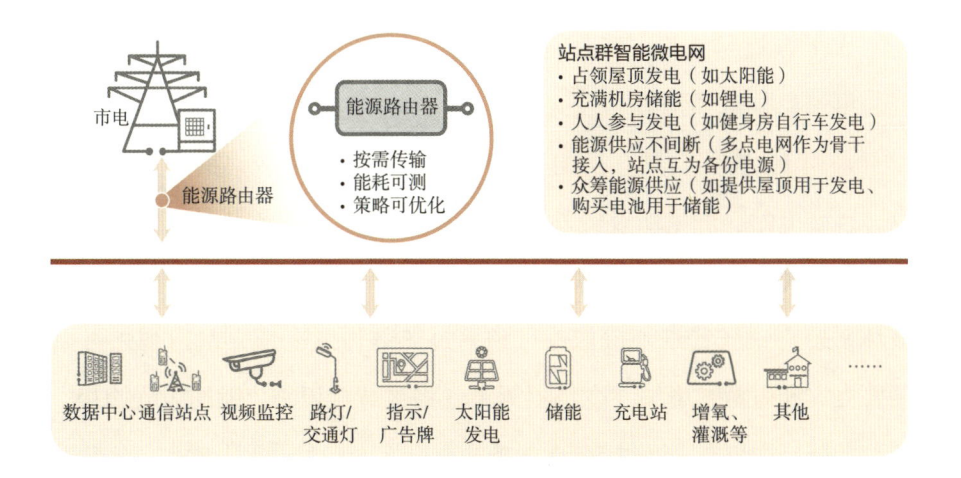

图1-15　站点群智能微电网

2. 骨干电网零意外停电

当检测到供电系统故障时，控制开关跳闸可以切除故障设备或线路。不完善的保护系统不能精确控制，不能及时、准确地切除故障线路，导致停电范围扩大。将供电各环节中的传感器联网组成先进的精准保护系统，通过同步分析同一时刻电流等电力参数，可以实现开关的选择性动作，仅切除故障设备或线路，消除正常区域不应有的意外停电。

精准保护要求毫秒级低时延通信、微秒级高精度授时，4G无法满足，而满足时延要求的光纤通信，其布线和运维的成本相对较高。5G具备超低时延和超高授时精度，满足精准保护时延要求，可以利用5G无线通信全面实现精准、快速的保护。同时，各配电支路电流被实时掌握，通过大数据平台及时发现过流并进行预警，提前规划电力扩容方案，最大限度减少意外停电，满足企业和居民用电需求。

3. 更少人力投入的高效运维

人工方式巡检效率低，基层维护人员受知识和经验的制约难以发现，更遑论故障预测。

采用5G通信，具有视觉AI能力的巡检机器人或巡检无人机在发电厂、变电站、配电所及野外普遍应用，通过AI视觉及时发现树木过高、线路覆冰、电线缠绕漂浮物、电塔倾斜、局部锈蚀、山火、外力破坏预警等，配置红外摄像头可预警过热部件或电缆，室内视频可以预警火灾和盗窃，电缆、变压器等声音将被智能识别，及时发现隐患。

此外，用户电表通过5G无线方式全面接入，实现无人抄表，欠费用户远程控制断电或恢复供电，企业和居民通过互联网选购低成本的电厂冗余电力成为可能。新技术的应用,显著提升电力企业运营和维护效率。

4. 更多本地新能源供电

城市和乡村屋顶将被晶硅太阳能电池板普遍覆盖,外墙玻璃、蔬菜大棚等安装薄膜太阳能电池发电的越来越多,发电无处不在。5G大联接能力使每一块不同大小的太阳能电池板都能单独接入,不但在局部遮挡条件下获得较高的发电效率,而且所有太阳能发电被纳入可视化电网管理和调度,通过大数据平台优化潮流分布,碎片化的本地发电量得到充分利用。

停在车位的电动汽车通过5G与电网相连,成为电网中的用电负载和储能单元,用电大户如充电站、数据中心等与储能站融合,在电网大数据平台上以综合效率最低的方式参与能源调度,帮助削峰填谷,不但使用户获得较低的用电成本,也降低了对外部电力输入的需求,城际输电容量得到释放。

第二章

发展路径：构建基于5G×大数据×AI的数字中国新型基础设施

当前，人类社会的正常运行基于信息流、物流、资金流、服务流等多种流的运转。未来，5G、大数据、AI等数字技术将实现人与人、人与物、物与物的无缝联接，人类社会将迈入万物互联的智能世界，基于数字技术的信息流将实现多流合一，信息流将主宰一切，孕育万物。

人类社会迈入智能社会的过程是数字化和智能化的过程。本质上是通过把物理世界数字化，采集汇聚物理世界的海量数据，再通过数据进行分析建模，形成认知决策，从而反馈给物理世界，指导物理世界的运转，最终提升物理世界运行效率。在这个过程中，数据发挥了巨大的价值，是数字化、智能化的关键。

图 2-1 物理世界的数字化

所以，数据是核心生产要素，它是联接物理域、数字域和认知域的桥梁，它来源于物理域，在数字域里被分析和挖掘，最终在认知域里发挥价值。

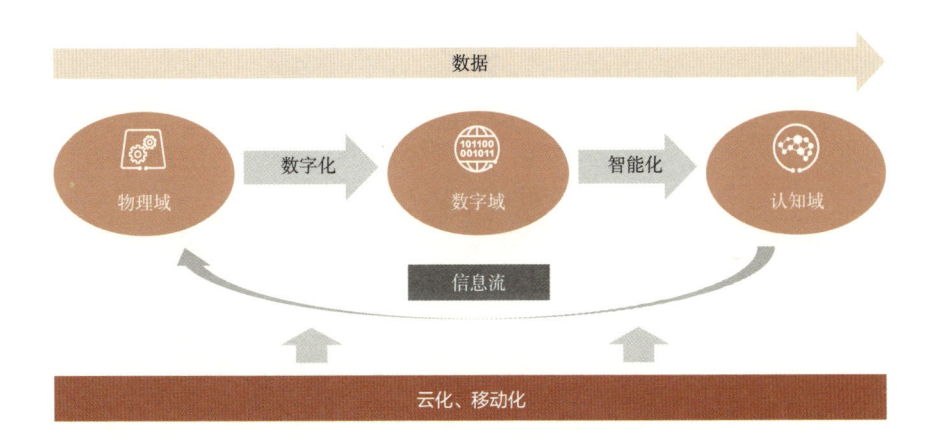

图 2-2 物理世界数字化理论

为了更好地推进数字中国建设，实现高质量发展，需要构建数字中国的新型基础设施。该新型基础设施将以数据为核心，在保障安全可信的前提下，融合5G、大数据、AI等多种新ICT技术，打造数字中国高质量发展的基石。

第一节 数字中国新型基础设施整体架构

中国要迈入未来的智能时代，依赖于产业及行业的数字化与智能化。产业数字化转型当前已经进入深水区，传统产业的变革与创新提上日程，5G、大数据和AI等数字化技术的深度融合构筑的新型基础设施，将催生大量智能化应用，驱动产业升级。

新型基础设施的核心架构将以5G联接为基础，以大数据为核心，融合AI、IoT、视频等多种新ICT技术，向上以服务化组件化能力为输出，支撑政府、制造、金融等行业应用的创新与升级。

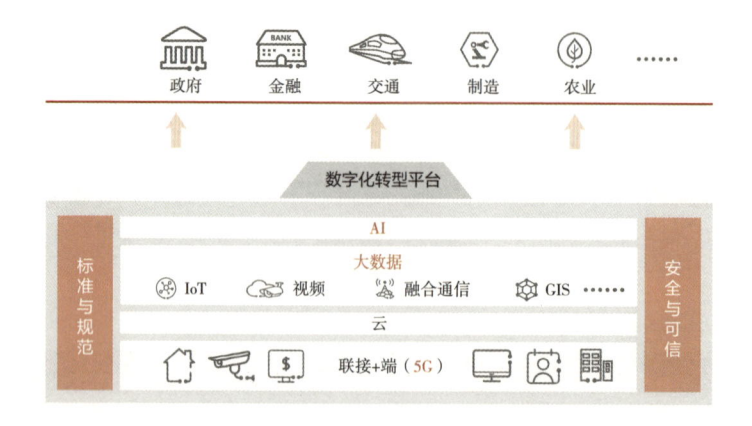

图2-3 数字中国新型基础设施整体架构

第二节　5G架构

一　移动通信架构

以5G为例,移动通信包括终端、基站、光纤传输和核心网。其中,终端和基站之间是无线连接,通常用空口表示它们之间的通信接口。基站到核心网之间主要是有线连接(光纤等),部分区域因部署光纤困难采用微波或卫星等方式连接。核心网一般分为用户面和控制面,简单理解,用户面就是用户具体的数据,控制面就是管理和调度的数据。

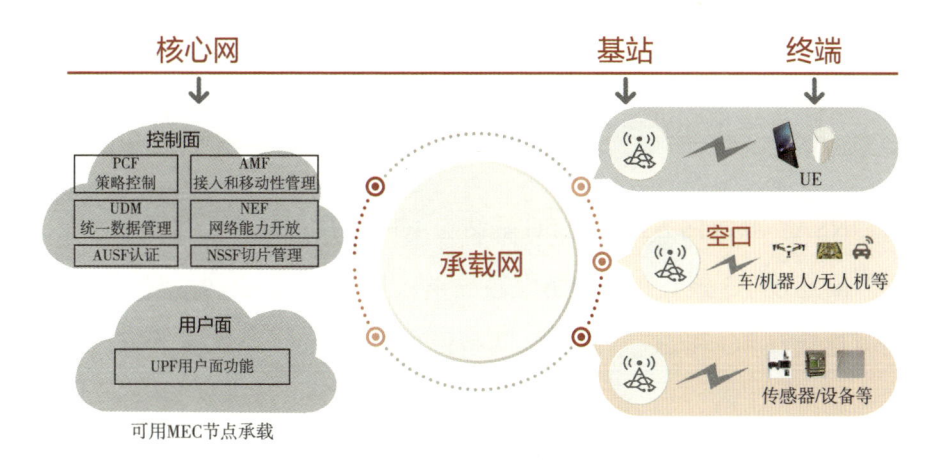

图2-4　5G的移动通信网络架构

二　5G建网模式

NSA(Non-Standalone)非独立组网和SA(Standalone)独立组网是两类实现5G业务的组网模式。

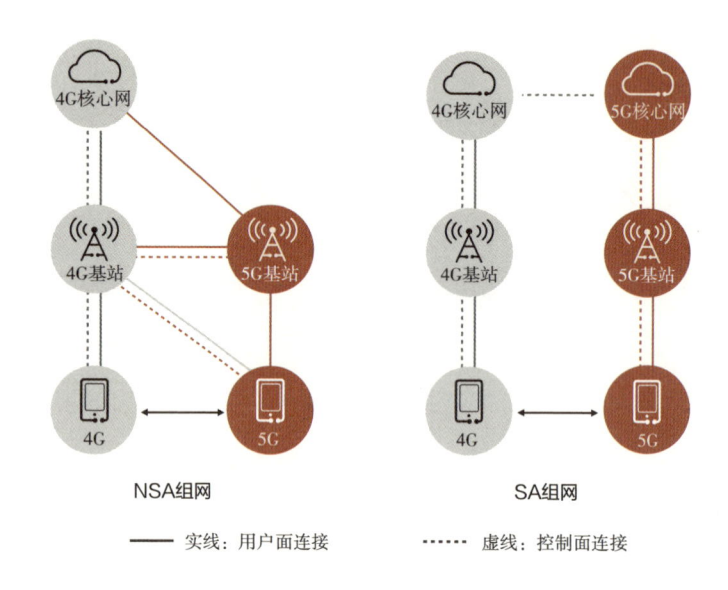

图2-5　5G建网模式

注：红色表示5G用户面、控制面连接，灰色为4G。

NSA：其组网方式就是5G基站与4G基站和4G核心网建立连接，用户面连接4G核心网，控制面通过4G基站连接核心网。5G手机可同时连接到4G和5G基站。也就是说，5G站点开通依赖于4G核心网开通。

SA：独立于4G的一种组网方式，5G基站在用户面和控制面上都是建立在5G核心网上。

由此可以看出，NSA组网是一种过渡方案，可以说是一种在5G初期建设时的省钱模式。其主要支持超大带宽，但NSA模式无法充分发挥5G系统低时延、海量连接的特点，也无法通过网络切片特性实现对多样化业务的灵活支持。而SA模式基站和核心网全部按5G

标准设计，可以实现 5G 全部性能，可以被称为真正的 5G，是 5G 的最终目标组网方式。

那么 5G 建网应该如何选择呢？这里划分了如下两大阵营。

中国运营商为避免行业需求快速兴起导致频繁改造网络、增加建设成本，倾向于直接按照 SA 模式建网。

海外部分运营商倾向于选择 NSA 模式，随后再向 SA 模式过渡。

图 2-6　5G 的两种建网路径

三　5G 空口新技术

为实现 5G 标准定义的 eMBB（增强移动宽带）相对于 4G 速率提升 20 倍的愿景，同时实现 uRLLC（低时延高可靠通信）和 mMTC（海量机器通信），拓展新行业应用，5G 定义了多种空口新技术。其中关键的几项核心技术如下。

Polar 码，也就是传说中华为主导的"短码"，由土耳其比尔肯大学教授 Erdal Arikan 于 2008 年首次提出，第一次被引入移动通信系统作为 5G 中控制面（承载控制信息）信道编码，具有频谱效率高（带宽大）、时延低和功耗小的特点。

图2-7 5G空口核心技术

物理层编码技术一直是通信创新皇冠上的明珠，是提升频谱效率和可靠性的主要手段。在3G和4G时代，由于峰值速率不超过1Gbps，所以优选了Ericsson主导的Turbo码，但5G要求系统峰值速率提升20倍到20Gbps，且空口时延要求提升10~20倍，Turbo码由于译码复杂，且在码长较长时经过交织器处理具有较大的时延，所以不再适用。为提升性能，华为主导提出了极化码（Polar码）方案，高通主导提出了低密度奇偶校验码（LDPC码）方案。

Polar码的核心思想就是信道极化理论，可以采用编码的方法，使一组信道中的各子信道呈现出不同的容量特性，当码长持续增加时，一部分信道将趋于无噪信道，另一部分信道趋向于容量接近于0的纯噪声信道，选择在无噪信道上直接传输有用的信息，从而达到香农极限。这就使Polar码性能增益更好、频谱效率更高。在译码侧，极化后的信道，可用简单的逐次干扰抵消的方法译码，以较低的复杂度获得与Turbo码相近的性能，相比Turbo码复杂度降低3~10倍，对应功耗节省20多倍，对于功耗十分敏感的物联网传感器而言，可以大大延长电池寿命。同时Polar码可靠性也更高，能真正实现

99.999%的可靠性，解决垂直行业可靠应用的难题。

LDPC码，也就是传说中高通主导的"长码"，由麻省理工学院Robert Gallager于1963年在博士论文中提出，曾在WiFi中被使用。最终被作为5G中用户面（承载数据信息）信道的编码，具有峰值速率高和低时延的特点。

LDPC码是一种带稀疏校验矩阵的分组纠错码，由于奇偶校验矩阵的稀疏特性，在长的编码分组时，相距很远的信息比特参与同一校验，这使连续的突发差错对译码的影响不大，编码本身就具有抗突发差错的特性，不需要额外引入交织器。所以具有译码复杂度低、可靠性高、时延小等特点，而且LDPC码的译码算法本质上是一种并行算法，会进一步缩短译码时延。

与Turbo码比较，在低码率场景，LDPC码的译码速度与Turbo码的译码速度相近。但在高码率的场景，LDPC码的译码速度比Turbo码的译码速度快很多，从而提升峰值速率。

3GPP最终确定Polar码作为5G eMBB（增强移动宽带）控制信道的短编码方案，LDPC码作为数据信道的编码方案。关于Polar码和LDPC码孰优孰劣还没有标准答案。值得一提的是华为公司在Polar码的应用上做出了巨大贡献，并持有Polar码相关的大部分专利。

物理层波形的设计，是实现统一空口的基础，需要同时兼顾灵活性和频谱效率，是5G的关键空口技术之一。

F-OFDM（滤波的正交频分复用），是一种5G里采用的空口波形技术。相对于4G来说，可以实现更小颗粒度的时频资源划分，同时消除干扰的影响，从而提升系统效率，并实现分级分层QoS保障，是实现大连接和网络切片的基础。

讲到 F-OFDM，不得不先讲到 4G 时代引入的 OFDM（正交频分复用）技术，区别于 3G 时代的 CDMA（码分多址）技术，OFDM 是把在时域的数据调制到相互正交的频域子载波上去。在解调时，同一组信道的数据运算后的值可以互相叠加，而不同信道的数据运算后的结果互相抵消。通过这种手段解决了不同信道间信号的干扰问题，大大提升了信道容量。

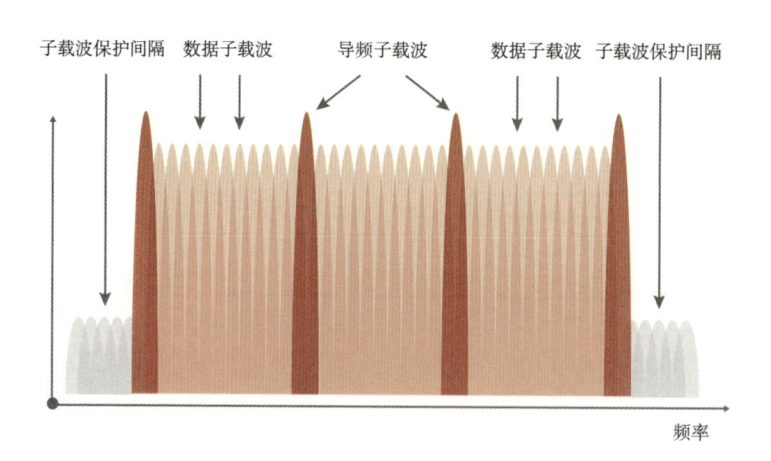

图2-8　OFDM子载波频率分布

5G 时代由于要满足不同业务对网络的不同带宽、时延等要求，OFDM 固定的频谱子载波带宽、时域符号长度和循环周期等配置已经无法适用，人们需要寻求更为灵活的调度方式以满足 5G 不同场景下多样性业务的需求。

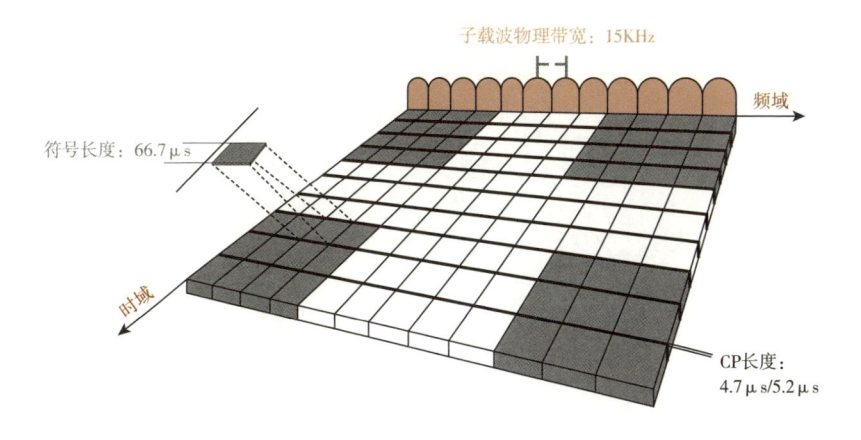

图2-9 OFDM时域与频域资源分布

5G 的 F-OFDM（滤波的正交频分复用）通过参数可灵活配置的优化滤波器设计，使时域符号长度、CP 长度、循环周期和频域子载波带宽灵活可变，解决了不同业务适配的问题。

针对 uRLLC 自动驾驶车联网 /AR/VR 等需要低时延的业务，可以配置频域较宽的子载波间隔，使时域符号循环周期极短，满足低时延要求。

针对 mMTC 物联网海量连接场景，因为传送的数据量低、时延要求不高，这就可以在频域上配置较窄的子载波间隔，从而在相同带宽内实现海量连接。同时时域上符号长度和循环周期足够长，几乎不需要考虑符号间串扰问题，也就不需要插入 CP，从而承载更多连接。如图 2-10 所示。

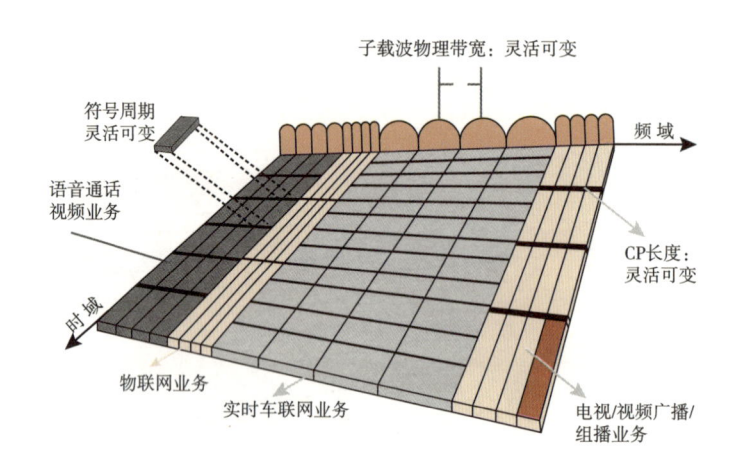

图2-10 F-OFDM时域与频域资源分布

对于广播/组播业务，因为业务的源和目的相对稳定，所以可以配置长符号周期，实现持续稳定的数据传输。

对于普通的语音/数据业务，采用正常的配置即可。

综上，F-OFDM在继承了OFDM优点的基础上，又克服了OFDM调度不够灵活的缺点，进一步提升了业务适配性和频谱利用效率。

Massive MIMO（大规模多输入多输出），可以简单理解为多天线技术，在频谱有限的情况下，通过空间的复用增加同时传输的数据流数，提高信道传输速率，提升最终用户的信号质量和高速体验。

MIMO技术已经在4G系统得到广泛应用，5G在天线阵列数目上持续演进。大规模天线阵列利用空间复用增益有效提升整个小区的容量；5G目前支持64T64R(64通道，可理解为64天线发64天线收）为基础配置，相比4G 2T2R增加了几十倍。5G终端接收天线多，5G终端可以大于4天线接收，4G终端一般2天线接收。

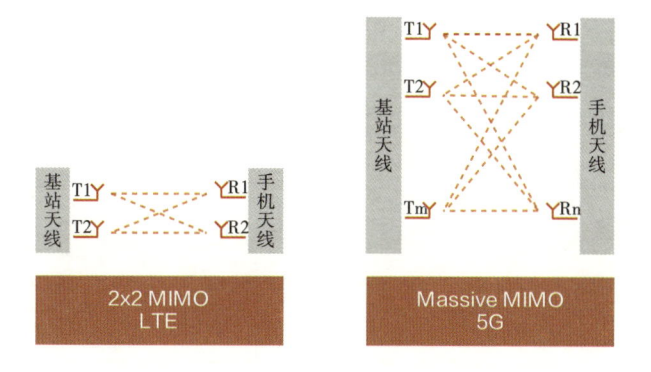

图2-11　4G（LTE）和5G的天线阵列对比

3D-beamforming 立体天线波束赋形技术，可以简单理解为让无线电波具有形状，并且形状还是可以调整改变的，最终实现信号跟人走，真正的以人为本，提升用户信号质量。5G 与 4G 相比从水平的波束赋形扩展到垂直的波束赋形，也为地对空通信（比如无人机等低空覆盖）的实现奠定了基础。

用专业语言描述：在三维空间形成具有灵活指向性的高增益窄波束，空间隔离减小用户间的干扰，从而提升 5G 的单位基站容量，增强垂直覆盖能力。

四　5G新架构

为满足 5G 标准定义的 eMBB（增强移动宽带）、uRLLC（低时延高可靠通信）和 mMTC（海量机器通信）三大场景，5G 也定义了多种新架构，其中关键的几项如下。

上下行解耦：解决 eMBB 场景下 5G 高频上行覆盖不足的问题。

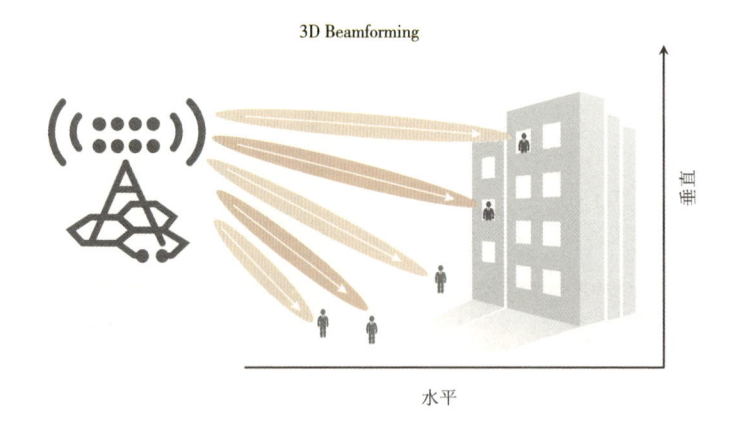

图2-12　3D Beamforming

目前无线技术支持的下行速率普遍比上行速率高很多，所以上传内容比下载时要慢很多，这个限制了内容共享需求，如视频通话、视频分享、VR直播等。5G由于是高频覆盖，上行质量会进一步减弱，所以引入上下行解耦架构来解决此问题。

MEC：核心网用户面功能下沉靠近用户，在边缘部署，降低网络时延，支撑uRLLC场景下端到端低时延高可靠业务。我们平时所说的1ms时延指的是空口时延，对于实际应用来说，关注的是端到端时延（除了空口时延，还包括传输时延、应用服务时延等），引入MEC后业务可以直接部署在离基站较近的位置，实现端到端的低时延。

网络切片：一种按需组网的技术，SA架构下将一张物理网络虚拟出多个不同特性的逻辑子网络。可满足不同场景诸如工业控制、自动驾驶、远程医疗等各类行业业务的差异化需求。传统的4G网络只能服务于单一的移动终端，无法适用于多样化的物与物之间的连接。5G

时代将有数以千亿计的人和设备接入网络，不同类型业务对网络要求千差万别，运营商需要提供不同功能和 QoS 的通信连接服务，网络切片将解决在一张物理网络设施上，满足不同业务对网络的 QoS 要求。

下面将进行技术实现的详细阐述。

上下行解耦：当前低频频谱（如 1.8GHz）一般都已经分配给 4G，5G 只有高频频谱（如 3.5GHz）可用。按电磁波的传播特性，高频频谱覆盖距离比低频频谱要差，5G 高频的下行可以通过基站采用新技术补足，达到和低频频谱一样的覆盖范围，但是上行受限于终端发射功率，无法有效补足覆盖差距，导致 5G 高频的上下行不平衡。基站和手机通信需要上行和下行同时覆盖，所以会导致 5G 高频的覆盖收缩，在小区边缘的 5G 用户不能有效接入 5G 基站，只能通过增加 5G 站点数量来解决，增加建设成本。

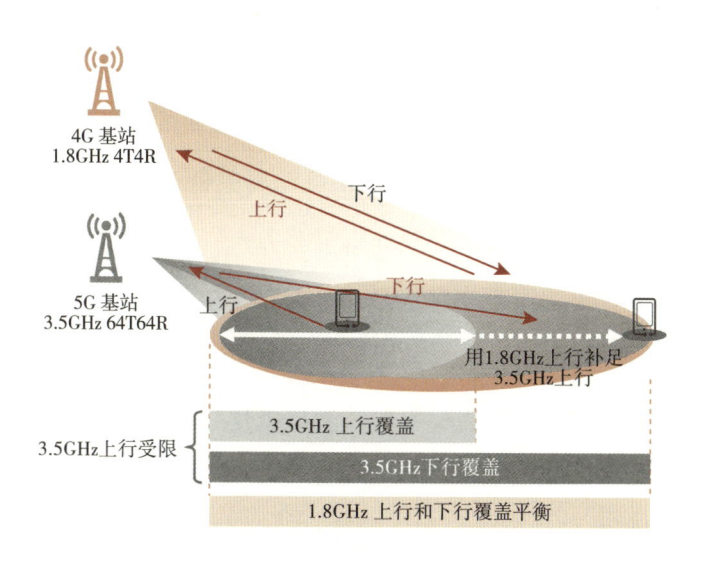

图 2-13　5G 上下行解耦

利用 4G LTE 低频频谱（1.8GHz）的上行，匹配 5G 高频频谱（3.5GHz）的下行，来补齐 5G 高频上行覆盖的短板，使 5G 用户在整个小区范围内都能接入基站。这个技术就叫上下行解耦，华为公司主导在 3GPP 标准提出并推动落地。

MEC：MEC（Multi-Access Edge Computing）是将多种接入形式的部分功能和内容、应用一同部署到靠近接入侧的网络边缘，通过业务靠近用户处理，以及内容、应用与网络的协同，来提供低时延、安全、可靠的服务，达成极致用户体验。

MEC 也可以节省传输，未来 70% 的互联网内容允许在靠近用户的范围内终结，MEC 可以将这些内容本地存储，节省边缘到核心网和 Internet 的传输投资。

ETSI 定义的 MEC（对应 3GPP 的 local UPF 本地用户面网元）同时支持无线网络能力开放和运营能力开放，通过公开 API 的方式为运行在开放平台上的第三方应用提供无线网络信息、位置信息、业务使能控制等多种服务，实现电信行业和垂直行业的快速深度业务融合和创新。如移动视频加速、AR/VR/ 自动驾驶低时延业务、企业专网应用、需要实时响应的 AI 视频分析等业务。

5G 核心网架构原生支持 MEC 功能，控制面和用户面完全分离，用户面下沉子 MEC，支撑低时延业务（自动驾驶等）。

网络切片：基于 5G SA 架构，采用虚拟化和软件定义网络技术，可以让运营商在一个物理网络上切分出多个虚拟的、专用的、隔离的、按需定制端到端网络，每个网络切片从接入网到传输网再到核心网，在逻辑上隔离，从而灵活适配各种类型的业务要求（如低时延、

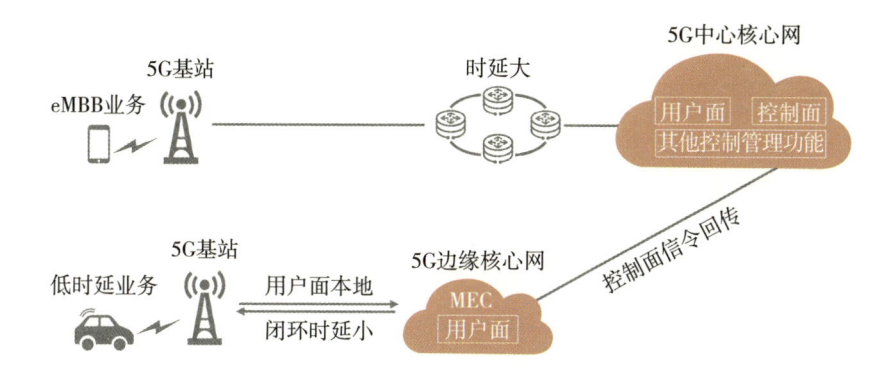

图2-14　含MEC的5G网络架构

超大带宽、海量连接数、安全隔离、超可靠等）。实现一网多用，不需要为每一个服务重复建设一个专用网络，极大降低成本。

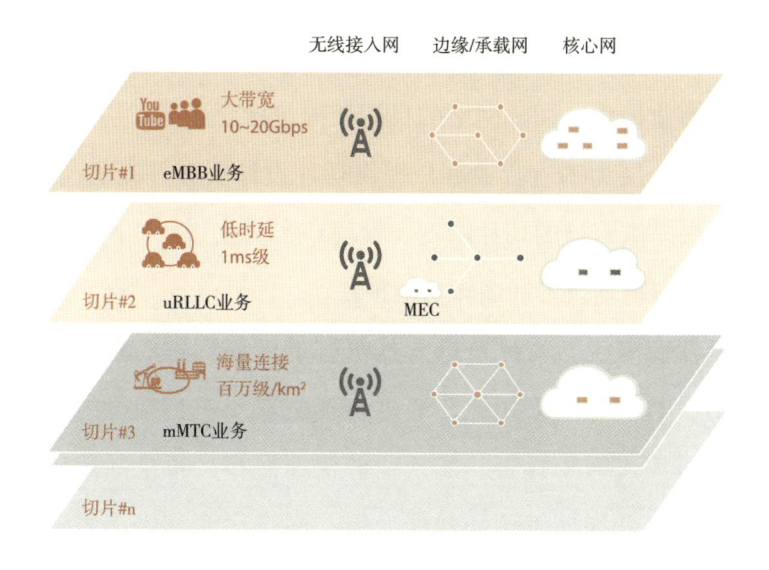

图2-15　5G的网络切片

5G的网络切片关键特征：

（1）按需部署：5G网络功能将会采用基于云的服务化架构，5G核心网可以根据不同业务SLA（Service Level Agreement）服务等级的要求对网络功能进行自由组合和灵活编排，并且可以选择网络功能部署在不同层级的DC数据中心中。

（2）端到端SLA保障：网络的SLA指的是不同的网络能力要求，网络切片需要端到端网络共同进行SLA的保障。无线和传输保障和调配资源，核心网为不同的业务提供差异化的网络能力和业务体验。

（3）按需隔离：5G网络切片是一个逻辑上隔离的网络，根据应用的不同，切片可以提供部分隔离、逻辑隔离，如果需要，也可以提供独立的物理隔离网络，需要综合考虑投资成本。

（4）运维自动化：5G网络中会存在很多个网络切片，管理维护会极其复杂，必须要提供全生命周期自动化运维的能力。

综合商业视角，切片网络的目标架构包括商业层、切片管理层和网络层。商业层为垂直行业客户提供切片设计服务并提供购买入口。切片管理层提供跨域的切片调度、管理和实例化。切片网络层就是支撑上层应用的物理设备和逻辑功能模块。

对运营商来说，切片是进入具有海量市场规模的垂直行业的关键推动力，与独立网络相比，通过切片实现统一基础设施网络适应多种业务可大大减少投资，实现业务快速发布。每个网络切片还可以独立进行生命周期管理和功能升级，网络运营和维护将变得非常灵活和高效。

第三节　大数据架构

5G 的到来，将催生数据爆发式增长，海量数据从采集汇聚、分析挖掘，到最终产生价值，依赖一个融合智能的大数据平台，是一个一体化的围绕数据资源整合与服务以及数据应用开发支撑的一套全流程打通的、无缝集成的完整平台。

该大数据平台分为基础层、数据层、支撑层和应用层。同时，建立数据标准体系、数据安全管理体系和数据运营管理体系。

一　基础层

基础层是一个数据密集型、计算密集型计算支撑平台，满足业务对海量异构多源数据的汇聚与管理需求，以及并行计算、分析、挖掘、检索、离线与实时处理的需求，满足业务系统与生产系统以及与行业结合的数据处理需求。

二　数据层

数据层包括数据共享交换、数据资源、数据治理、数据管控和数据资产等内容，是大数据架构的核心内容。对信息资源进行整合梳理，建立统一共享的数据底座。

数据交换层是由前置交换区、交换系统与共享通道三套系统组成。前置交换是共享交换平台归集数据的起始节点和数据共享交换服务发布的终止节点。交换管理中心负责文件、库表类数据的共享、交换。

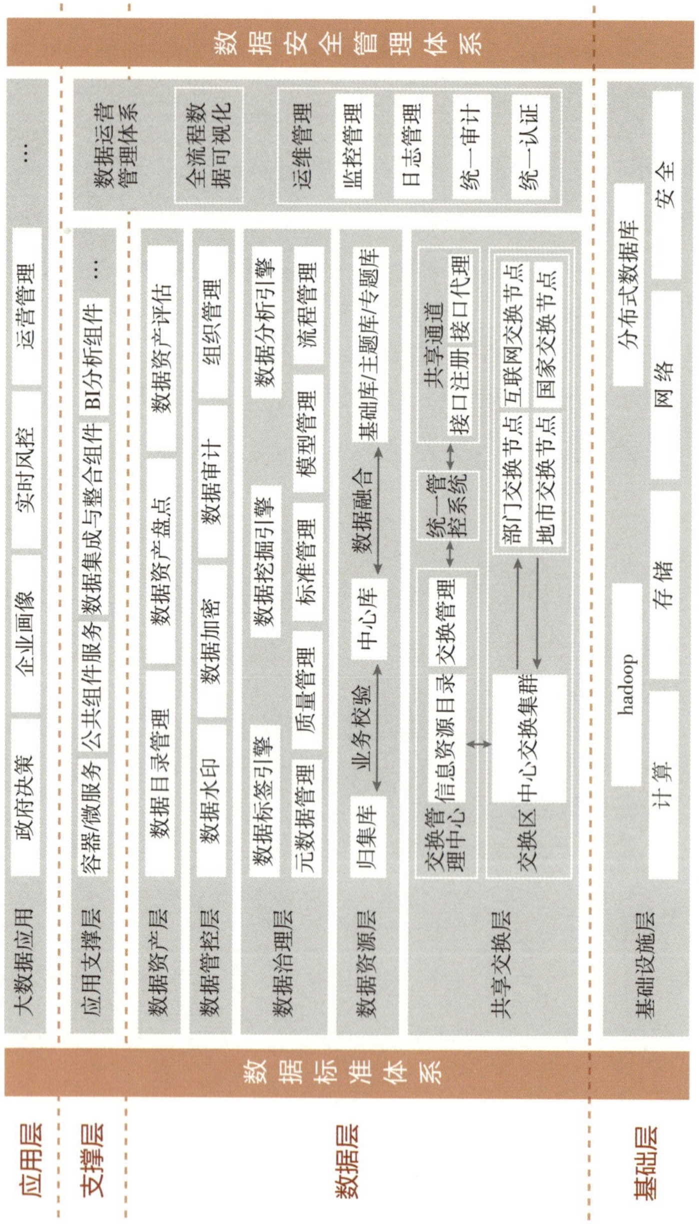
应用层
支撑层
数据层
基础层
数据安全管理体系
数据标准体系
大数据应用
政府决策
企业画像
实时风控
运营管理
…
应用支撑层
容器/微服务
公共组件服务
数据集成与整合组件
BI分析组件
…
数据运营管理体系
全流程数据可视化
运维管理
监控管理
日志管理
统一审计
统一认证
数据资产层
数据目录管理
数据资产盘点
数据资产评估
数据管控层
数据水印
数据加密
数据审计
组织管理
数据治理层
数据标签引擎
数据挖掘引擎
数据分析引擎
元数据管理
质量管理
标准管理
模型管理
流程管理
数据资源层
归集库
业务校验
中心库
数据融合
基础库/主题库/专题库
共享交换层
交换管理中心
信息资源目录
交换管理
统一管控系统
共享通道
接口注册
接口代理
交换区
中心交换集群
部门交换节点
地市交换节点
互联网交换节点
国家交换节点
基础设施层
计算
hadoop
存储
网络
分布式数据库
安全

图2-16 大数据架构

数据共享通道负责接口服务类数据的共享、交换。通过提供文件传输、库表交换、接口采集、接口注册等多种数据交换方式，为平台数据汇聚层和前置区提供高效安全的共享交换方式，并实现流程化交换管理。

数据资源层是大数据中心数据汇聚的核心区域，通过交换层采集的文件、库表、接口等多种数据汇聚到这个区域。通过数据集成能力完成数据的归集和共享发布，将采集上来的多种类型数据统一存放至数据中心，经过初步质量管控和规则校验统一汇聚至归集库，再经过业务校验过程检查数据的业务合理性，形成中心库，再通过集成、拆分等一系列数据加工过程，形成基础库、主题库等专题库。

数据治理层服务于数据的全生命周期，通过元数据管理、质量管理、标准管理、模型管理等系统，对数据资源进行有效治理。介入采集、汇聚、校验、加工等数据全生命周期过程的各个环节，通过元数据管理中的"血缘关系"追溯数据上下游的流转过程，做到完整化的质量管理、规范化的标准控制、系统化的模型管理，使所共享交换的数据资源规范化、标准化。

数据管控层是对数据资源在共享交换过程中，针对数据流转过程的统一管控平台。涉及用户管理、组织管理、数据的授权申请、共享交换平台的运维监控，以及数据交换情况的统计监控。

数据资产层对数据服务目录进行管理，同时包含数字资产盘点和数据资产评估。

三 支撑层

支撑层针对业务中大数据的应用需求，包括可视化、报表统计、交互式分析、分析建模以及对音频、视频、影像、公文文本的处理，建设一系列数据应用使能工具、平台和公共数据服务组件，方便应用的快速开发。提供多种大数据开发服务，如容器与微服务、数据服务中间件、数据集成、BI（Business Intelligence，商业智能）分析、数据挖掘，统一为各级部门提供共性应用的支撑，同时为大数据开发者提供支撑服务。

四 应用层

应用层基于大数据平台的整体服务能力，构建出基于数据内容应用、数据分析类应用，有效支撑上层业务场景的创新与价值提升。

五 数据标准体系

建立数据标准的管理体系，即建设相关的一系列技术标准和规范，提升数据质量，保障数据的可用性。明确数据的业务维度和技术维度的内容及管理责任，进行定期维护、更新并发布。

六 数据安全管理体系

建立数据安全管理体系，主要是通过落实各种安全保障手段和管理机制，实现数据资源从采集、汇聚、清洗、融合到服务与应用的全流程安全可控。

七 数据运营管理体系

数据运营管理体系包括全流程数据可视化和运维管理。全流程数据可视化实现对数据资源的可视化管理，对数据共享交换、数据汇集、数据治理的各个环节数据情况进行统计并通过可视化的形式进行呈现。运维管理实现大数据平台的统一运维监控和管理，包括监控管理、日志管理、统一审计、统一认证等。

第四节 AI 架构

人工智能作为新一轮产业变革的核心驱动力，将进一步释放历次科技革命和产业变革积蓄的巨大能量，并创造新的强大引擎，重构生产、分配、交换、消费等经济活动各环节，形成从宏观到微观各领域的智能化新需求。

一 AI 发展重点

随着智能芯片、智能算法、智能开发平台等不断迭代发展，在移动互联网、大数据、云计算、物联网等新 ICT 技术共同驱动下，人工智能呈现出深度学习、跨界融合、人机协同、群智开放、自主操控等新特征。大数据驱动知识学习、跨媒体协同处理、人机协同增强智能、群体集成智能、自主智能系统成为人工智能的发展重点。此外，类脑智能也是国家人工智能 1+N 重点创新研究领域之一。具体包括：建立大规模类脑智能计算的新模型和脑启发的认知计算模型，包括类脑感知、类脑学习、类脑记忆机制、类脑控制等；建立具有自主学习能力的高效能的类脑神经网络架构和硬件系统，以及高能效、可重构类脑计算芯片和具有计算成像功能的类脑视觉传感器技术，实现具有多媒体感知信息理解和智能增长、常识推理能力的类脑智能系统。

二 AI 技术架构

人工智能理论和技术发展经历了三个阶段，如下。

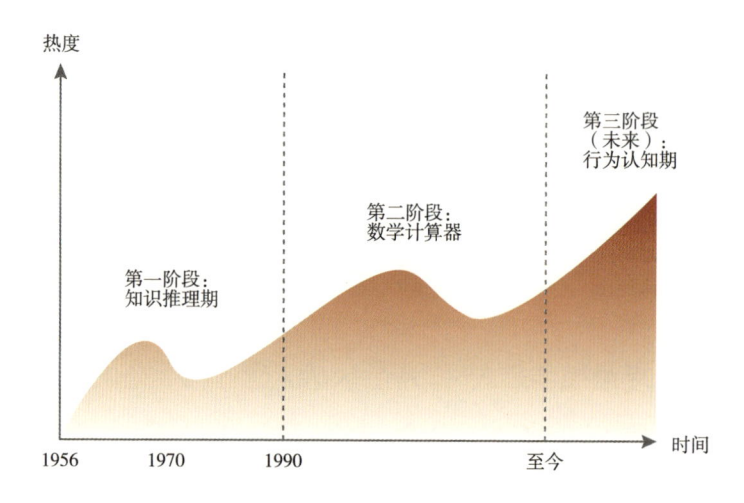

图2-17 人工智能理论和技术发展的三阶段

（1）以逆向演绎驱动的符号智能

- 20 世纪 50~80 年代
- 符号学习：将信息智能简化为对操作符号的演绎推理
- 代表性成果：专家系统

（2）以模型学习驱动的数据智能

- 20 世纪 90 年代至今
- 统计学习："样本数据—算法模型—预测"路径

- SVM、神经网络等算法诞生；语音识别、图像识别等技术发展及快速产业化

（3）以认知仿生驱动的类脑智能

- 未来——人工智能的终极目标
- 类脑计算：受脑神经和认知行为机理的启发，以计算机建模为手段，通过软硬件协同实现
- 神经网络、强化学习、迁移学习等技术是类脑计算的雏形

需要特别强调的是，这三个阶段仅仅代表着不同时期人工智能技术的主流路径，这三个阶段并非完全独立，即下一个阶段的开始并不意味着上一阶段的彻底结束，比如，近几年出现的概率图模型正是统计学习思想与早期符号学习中的逻辑规则思想的结合；再如，行为认知期的"雏形"深度学习的出现也并非意味着对统计学习方法的替代。因此，即使最古老的人工智能技术在今天也没有过时。

从当前人工智能落地场景来看，现阶段，智能主要集中在云端，包括训练和推理，智能终端主要通过WiFi方式与云通信，本地芯片处理能力较弱，不具备AI推理能力，比如市面上大部分语音服务机器人、工业巡检机器人，仍处于弱人工智能状态，表现为不具备自主学习能力、自主决策执行能力，同时算法较为薄弱，无法满足复杂的人类自然语言沟通、超低时延、高精尖工业制造等场景需求。

从人工智能发展的三阶段——知识推理→数据计算→行为认知可以看出，当前大部分人工智能水平还处于知识图谱、专家系统与大数据挖掘结合形成的数据智能阶段，与强人工智能还有较大差距。如何达到强人工智能，当前的技术架构是否可以达到，是否需要结合量子

计算等，当前学术界尚未有定论。但从行为认知角度，深度学习驱动人工智能水平大幅度提升的作用已无须置疑。比如2019年1月谷歌Alpha Star在星际争霸二中5∶0战胜人类职业选手。因此，现有人工智能技术架构，首先需要考虑增强和优化现有数学计算手段，结合不同场景，建立不同领域的深度学习神经网络算法模型，在更多模态、更复杂的场景中融入多种算法组合，结合5G等技术，促进人工智能水平不断演进与发展。现阶段人工智能技术架构如图2-18所示。

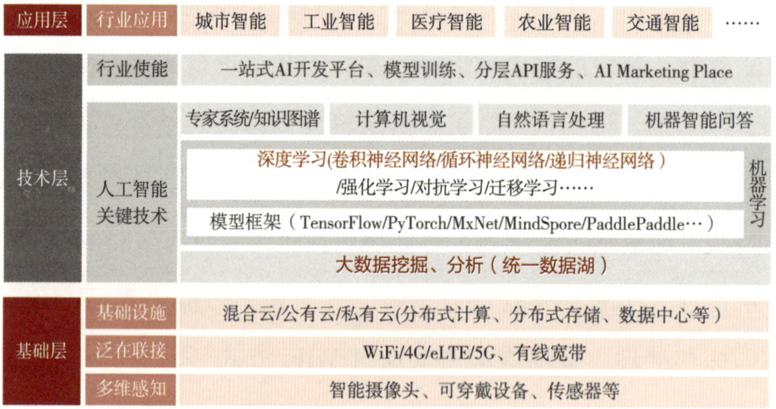

图2-18 人工智能技术架构

图2-18中，智能终端具备多维感知能力，一方面，将采集的数据源进行预处理并上传云端进行深度学习训练，为下一次算法更新提供数据来源，支撑自主学习能力实现。另一方面，将非结构化处理形成结构化数据，提取关键规则，基于本地部署AI算力和算法，进行本地智能推理决策。

数据计算是实现数据智能的核心。基于公有云/私有云/混合云等数据中心基础设施部署人工智能核心技术能力，包括进行数据治理，建立统一数据湖，通过大数据挖掘、分析、建模，结合专家经验和知识图谱等机器学习能力，形成数据智能。第三阶段，建立深度学习神经网络模型，结合各行各业场景，通过大规模分布式训练，形成深度神经网络领域算法，结合智能载体，比如情感机器人，形成行为认知智能。

值得一提的是，AI 技术统一架构需要适应多变的行业场景需求，图 2-18 中行业应用使能层，具备提供一站式场景化 AI API 的灵活定制、一键发布、聚合运营交易等能力，与生态伙伴一起，沉淀领域算法资产，提供丰富的场景化 API 服务。各行各业根据需要调用 API 接口，结合行业场景，进行灵活组合、编排，形成行业智能应用。行业智能终端通过加载智能应用，提高行业生产效率。

三 分布式人工智能

不同于 4G 网络，5G 网络可以提供网络切片、用户切片、业务切片，不仅支持按需定义，还可以为不同的切片匹配不同的带宽、时延、丢包、可靠性、安全等级等差异化能力；本质上，5G 网络具备分布式联接特点，为自动驾驶、远程手术、AR/VR、工业控制等提供近数据（用户）分布式计算的能力。随着 5G SA 独立组网模式的商用，我们预计 2021 年，自动驾驶、车路协同、车联网、远程实时手术、工业控制自主学习机器人、云 VR 等杀手级应用将出现井喷态势。

5G 大带宽、低时延、广联接的特性可以促进在有智能需求的场景，将弱人工智能升级为满足强人工智能，比如无人驾驶；另外，在最后一公里有线网络无法到达的地方，通过"5G 分布式网络 + 分布式智能节点",进一步拓展行业智能场景边界,实现智能无所不及。

适配5G分布式特点,人工智能部署方式将亦步亦趋,体现为"云边端"的模式,向"云—智边—智端"多形态、分布式演进。我们称之为"5G+AI分布式人工智能体系",如图2-19所示。

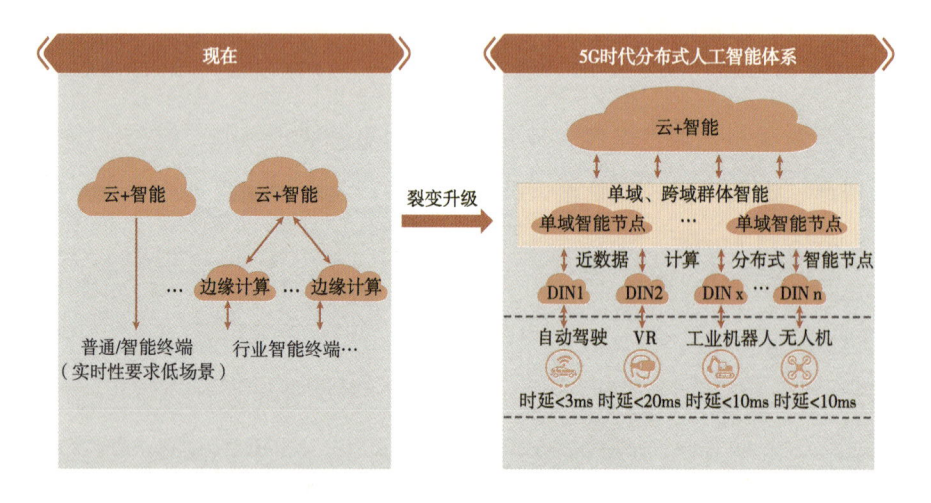

图2-19 5G时代分布式人工智能体系

注:DIN: Distributed Intelligent Node。

图2-19中,"分布式智能节点"(DIN),在最靠近用户即数据产生的地方进行部署,为单智能体(自动驾驶、机器人、无人机、VR等)提供海量数据的筛选、分析、本地推理决策。比如把非结构化数据转换为结构化数据,提取行业特征数据,进行AI本地推理并下达作业指令,是5G杀手级应用场景商业化的核心关键。同时,传统模式的边缘计算节点将裂变升级为多个智能边缘节点,我们称为单域智能节点(比如无

人机单域控制节点可以协同多个无人机群体智能，协同作业等任务）。如果需要跨域智能体协作，可以通过单域智能节点之间的配合，比如车路协同场景中，自动驾驶智能体可以与道路摄像头等智能体进行配合，实现提前预测路况、交通态势等更加高效安全的自动驾驶场景。

5G+AI 实现万物智联，新型智能设备产生的数据量，特别是视频等非结构化数据，将是传统智能终端的 10 倍以上，如果采用传统的"中心模式人工智能架构"，除了数据隐私安全的顾虑外，企业综合建设成本将提升，比如能耗、带宽成本等，同时业务延续性、超低时延的需求受制于集中共享资源模式，无法得到满足。结合 5G 移动边缘计算，部署 5G+AI 分布式人工智能体系，高效实现云、智边、智端之间的有机协同，从而适应企业复杂、差异化部署需求，降低企业 AI 部署成本。5G+AI 分布式人工智能架构，支持 20ms 以内大带宽、低时延、高速移动业务场景，举例如下。

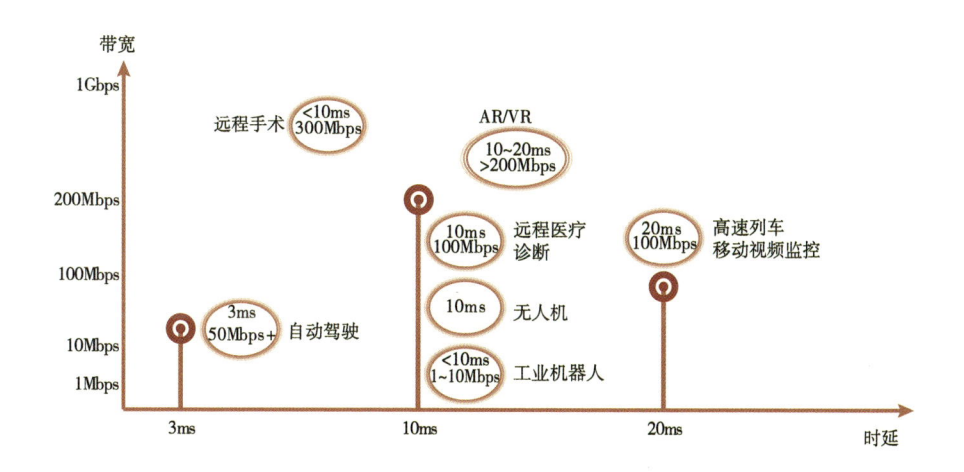

图 2-20　5G+AI 应用场景带宽与时延需求

未来，随着边缘推理 ASIC AI SOC 芯片的商用普及，海量行业智能终端加持 AI 芯片算力、加持 5G 通信模块，我们认为，"5G+AI"分布式人工智能体系将成为支撑 5G+AI 双轮共振、互促发展的核心架构基础。

四　群体智能

前面提到的无人机编队、车辆编队等均需要群体智能的支持。群体智能通过单个个体组成的群体，通过相互之间合作来实现某一功能，完成某一任务，组成群体的每个个体通过相互之间的合作，表现出更为复杂的智能行为。群体智能的智能主体必须能在环境中表现出自主性、反应性、学习性和自适应性等智能特性。

群体智能的特点如下。

（1）控制是分布式的，不存在中心控制。因而它更能适应当前网络环境下的工作状态，并且具有较强的鲁棒性，即不会由于某一个或几个个体出现故障而影响群体目标。

（2）群体智能可以通过非直接通信的方式进行信息的传输与合作，因而随着个体数目的增加，通信开销的增幅较小，因此，它具有较好的可扩充性。

（3）群体中每个个体的能力或遵循的行为规则要相对简单，方便实现群体智能。

（4）群体表现出来的复杂行为是通过简单个体的交互过程凸显出来的智能，因此，群体具有自组织性。

五 类脑智能

人工智能的终极目标是实现类脑智能，在伦理和道德法则的约束下帮助人类减负，释放生产力，实现社会和商业价值。类脑智能作为下一代人工智能技术，尚未形成行业标准，我国已经启动类脑智能的研究，希望积极应对国际竞争，把握和平发展主动权。

与深度学习计算模型主要分析静态信息不同，类脑智能首先要建立类脑神经形态计算模型，模拟大脑处理信息的方式。人脑处理信息主要通过视觉、听觉、触觉、嗅觉等感知器官，感知外部动态时空信息，经由人体神经网络传递给大脑皮层刺激神经元形成脉冲信号，大脑皮质层的视听触嗅觉等不同认知区域协同分析处理，最终形成人类意识和对外行动表现。类脑智能计算模型，需要采集大量人类大脑活动样本信息进行分析，研究人脑神经感知通道计算回路、处理机制，挖掘大脑感知通道计算回路中可由硬件和算法的实现部分，为专用算法、传感器和芯片设计提供价值输入；不同于深度学习，目前全球尚未建立类脑智能计算模型框架，除了具备深度学习神经网络特征，类脑智能实现需要依赖专用神经形态传感器、专用神经形态处理芯片和配套软件，以及专用的神经网络感知信息表示、处理、分析和识别算法模型，需要分阶段逐步攻克难题，总体上，类脑智能实现的技术路线如图2-21所示。

人脑的脉冲波是间断的、持续时间极短的、突然发生的电信号，又称脑电波。脑电波非常微弱，目前科学家正在研究通过与大脑无创联接的脑机接口设备，通过电极传感器从人的头皮上获取神经信号，

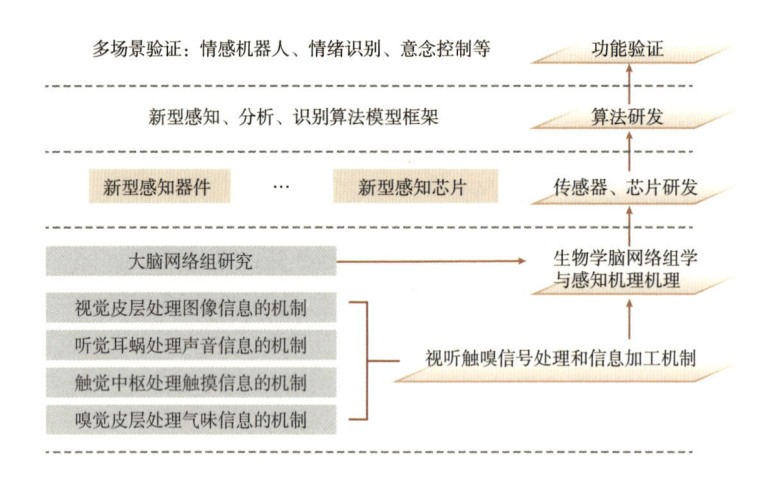

图2-21 类脑智能实现的技术路线

进而达到类脑"意念"控制外物的移动等。比如：

- 2014年巴西世界杯开幕式，瘫痪的青年利亚诺·平托穿了庞大、笨重的外骨骼，通过脑机接口踢出了当年世界杯的第一球。
- 美国旧金山Smart Cap的公司把脑电图做成棒球帽，用来缓解卡车司机的疲劳驾驶，提高注意力，减少交通危险。
- 2014年，美国ABM公司通过脑电图脑机接口训练实验者，使新手学习速度比原先提升了2.3倍。
- 美国科学家已经发现大脑海马体的记忆密码，开始尝试用芯片备份记忆，然后把芯片植入另一个大脑，实现记忆移植。这个实验已经在猴子身上取得成功。
- Facebook的科学家正在研究让人们思考一些东西的同时，把想法传到他人的皮肤上，让人们通过皮肤"听到"声音，进而实现沟通。

第五节　安全架构

新 ICT 基础设施包含大量的硬软产品，产品需要有安全设计，满足信息安全等级保护要求。安全的产品组合并不等于安全的系统，系统需要以"对抗"视角进行整体安全设计，从终端、联接、平台到应用，不但每一个组件都要满足安全标准，还需要部署全网协防系统以保障数据安全和业务连续。全网协防的系统安全框架如图 2-22 所示。

对于联网的系统来说，软件、所有包含通信接口的硬件设备都要符合相应的网络安全标准，如 ICT 设备、能源基础设施、各种终端、工业控制系统等，防止有组织的攻击者从最薄弱的环节进行攻击。

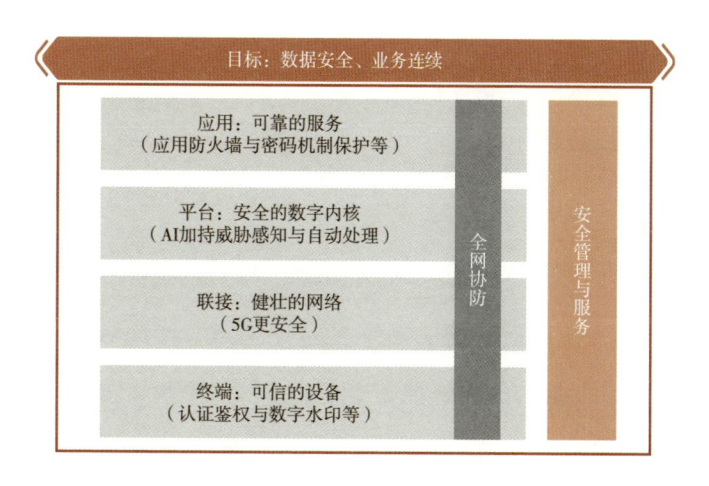

图 2-22　全网协防的系统安全架构

为了保障网络安全,需要制定安全标准,打造安全生态,通过严密的安全管理,从过程可信到结果可信。安全管理框架如图 2-23 所示。

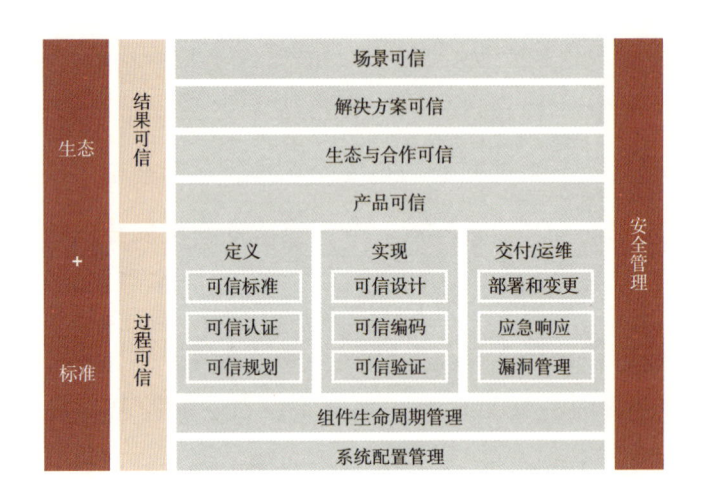

图2-23 安全管理框架

一 结果可信

保障网络安全,就是要实现结果可信,包括产品可信、生态与合作可信、解决方案可信、场景可信。

产品可信:产品满足相关行业的安全认证标准,通过安全渗透测试。生态与合作可信:建立了安全合作生态,产品和解决方案供应商、系统集成商通过安全认证,能够及时提供新发现漏洞的应急措施,守护应负的安全责任。解决方案可信:通过解决方案整体安全设计与测试,并具备一定的韧性,在网络攻击时可保持基本的服务能力。场景可信：在行业应用场景中有能力保障安全，消除用户的安全疑虑，持续提高生产效率或降低运营成本。

二 过程可信

为了保障结果可信，需要过程可信，包括定义、实现到交维过程，并通过安全配置管理和解决方案组件生命周期管理实现过程可信。

定义阶段的过程可信：有明确的安全需求，适配相关的安全标准，满足需要的安全规划。实现阶段的过程可信：根据安全需求进行安全设计，代码编写满足安全规范，通过安全用例测试和第三方测试。交维阶段的过程可信：交付部署时从安全的渠道获取硬件和软件，当交付有变更时，变更部件及整体安全性得到评估，在维护阶段按符合安全流程进行应急响应，坏件中的数据被有效删除，对于新发现的漏洞有及时升级的管理机制。系统配置管理：ICT系统结构与组成得到有效管理，形成可信证据链。组件生命周期管理：所有部件生命周期长于ICT系统生命周期，或当部件生命周期短于ICT系统生命周期时，有完善的替代方案。

三 安全管理

安全管理包括安全管理系统、信息安全管理组织和流程。

高级威胁下，安全管理系统包括分析器、控制器和执行器，不是安全设备的简单组合。分析器具有人工智能能力，能够高效感知未知威胁，通过控制器自动处理威胁，保障数据安全和业务连续，不影响业务体验。

信息安全是安全管理的目标，信息安全宜作为数字化企业的最高战略，通过专职的安全组织落实，通过安全工具测检 ICT 系统安全性，培养企业员工安全意识，制定安全流程，保障企业信息安全，减少重大安全事故发生风险，并在安全事故发生后能迅速处置，降低事故带来的损失。

万物互联、数据广泛共享是数字中国的基础，单个企业的网络安全事故可能影响到众多相关行业，政府和企业需要共享网络安全信息，共同行动，实现可持续、高质量发展。

第三章

发展方向：重点产业布局

5G、大数据及 AI 等多种新 ICT 技术的融合将成为未来产业数字化转型的基础，成为社会经济发展的新引擎。基于 5G、大数据和 AI 的新型基础设施将会挖掘各产业巨大的价值空间，给产业带来翻天覆地的变化，加速产业的蓬勃发展。结合我们对于重点产业的理解，对于重点产业未来的布局，以及在数字化转型方面的演进路径，给出如下建议。

第一节 政府

随着全球城市化进程的不断加快，城市内人口呈爆发式增长，公共资源日益紧张，公共安全问题凸显。面向未来的智慧城市，将以新

ICT 技术重塑城市基础设施，打造城市的神经系统，为城市管理提供数字业务创新、高效运营和价值再造。

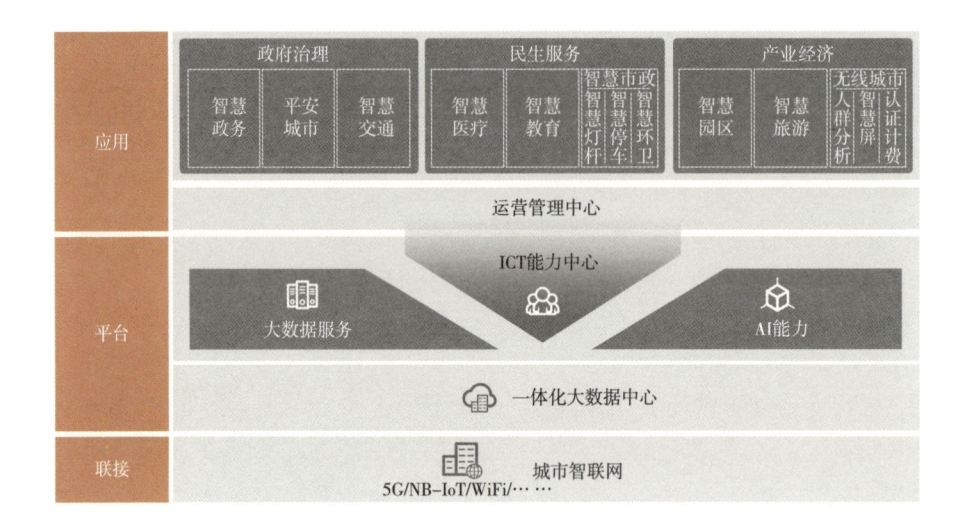

图3-1 政府数字化转型架构

一 构建统一的大数据中心

构建统一的城市大数据中心，包括一体化的政务云平台和大数据平台。汇集整合城市运行的全时空、全方位、全要素的大数据资源，打通信息壁垒，消除信息孤岛，让业务实现用数据说话、用数据决策、用数据管理、用数据创新。建立数据管理制度，在满足数据管理要求的前提下，实现充分的数据共享与开放，面向政府、企业和社会提供数据服务。建立基于业务场景需求的基础库、主题库与专题库，推进政府业务应用创新。

二　构建 ICT 能力中心

以新 ICT 能力为抓手，构建人工智能、物联网、视频等统一能力中心，面向社会治理、公共服务、城市运行管理、行政办公等业务领域实现平台化、服务化能力，为数字政府业务提供应用创新的支撑平台。

三　建设以 5G 为核心的城市智联网平台

智慧城市的基础是万物互联，建设智慧城市需要构建以物联网为基础的城市神经网络。万物互联需要灵活多样、稳定可靠的通信方式。建立以 5G 为核心的联接海量设备的无线以及有线网络，通过设备端部署嵌入智能组件，实现对市政设施的监控和智能管理，提升市政管理部门的管理效率，降低维护成本。

四　建设智能运营管理中心

以大数据和政务云平台为基础，结合人工智能、GIS、融合通信、视频等多种技术，构建智能运营管理中心。它是城市的智慧中心，给城市的管理者和决策者提供城市可视化全景图，总览城市运行态势，洞察城市风险隐患，利用数据和信息进行综合决策，实现跨部门、跨系统的高效协作。

五　智能应用创新

满足城市运行的各种业务需求场景，基于大数据与 AI 等技术手段，进行 AR、机器人等智能技术创新应用的研发与推广。例如，基于 AR 技术与模型算法结合的应用系统，将帮助警察快速识别人员身份信息，提高执法效率，保障城市安全。

第二节 制造

根据我国智能制造三步走目标，到 2025 年，进入制造强国行列，实现制造业整体素质大幅提升，创新能力显著增强，全员劳动生产率明显提高，工业化和信息化融合迈上新台阶。到 2035 年，达到世界制造强国中等水平，创新能力大幅提升，重点领域发展取得重大突破，优势行业形成全球创新引领能力，全面实现工业化；到新中国成立一百年，进入世界制造强国前列，综合实力进入世界制造强国前列。

不同于传统制造，借助 5G、人工智能、大数据等新兴 ICT 技术的深度融合，智能制造将实现产能效率提升、更高精度的工艺制造、自定义个性化生产、更精准的预测。

如何为工业互联提供可靠的移动无线网络，打通设计、开发、验证等业务流程，实现柔性制造，基于 OT 与 IT 的融合实现智能创新，我们认为，构建线上线下一体化闭环智能制造模式是实现智能制造的重点。

一 发挥 5G 和工业互联网的融合优势

通过 5G 无处不在的联接，实现制造厂区的所有区域，包括生产车间、物流配送、办公区域等全面高速数据通信覆盖。特别是工业机器人、数控机床、自动化生产流程的实时远程操控、指令下达、远程监控等，必须要求网络具备 100Mbps 以上、10ms 之内的超低时延能

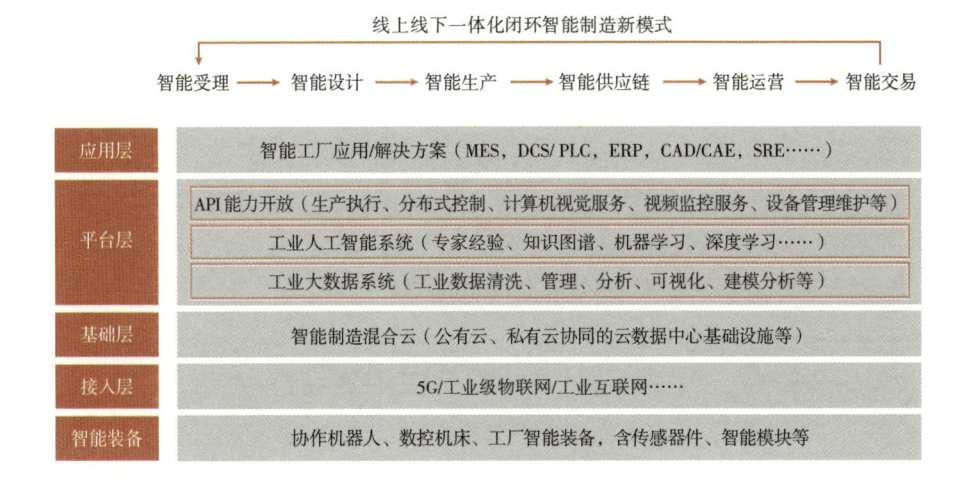

```
                    线上线下一体化闭环智能制造新模式
        智能受理 → 智能设计 → 智能生产 → 智能供应链 → 智能运营 → 智能交易
```

应用层	智能工厂应用/解决方案（MES、DCS/PLC、ERP、CAD/CAE、SRE……）
平台层	API能力开放（生产执行、分布式控制、计算机视觉服务、视频监控服务、设备管理维护等）
	工业人工智能系统（专家经验、知识图谱、机器学习、深度学习……）
	工业大数据系统（工业数据清洗、管理、分析、可视化、建模分析等）
基础层	智能制造混合云（公有云、私有云协同的云数据中心基础设施等）
接入层	5G/工业级物联网/工业互联网……
智能装备	协作机器人、数控机床、工厂智能装备，含传感器件、智能模块等

图3-2　智能制造技术架构

注：MES：Manufacturing Execution System 智能制造生产执行系统；DCS: Distributed Control System 分散控制系统；PLC: Programmable Logic Controller 可编程逻辑控制；CAD/CAE：数值仿真设计、测试系统；SRE：智能供应链系统。

力，目前只有 5G URLLC 特性可以接近工业级标准要求。

通过 5G/工业互联网/工业物联网，智能化生产线每一个智能工序节点建立实时通信（根据不同等级时延，分配 5G 频段，组建工业级专网），为智能化生产线提供生产制造过程的信息交互，实时将生产数据上传到业务系统，并接收业务系统的控制指令下达给生产线进行生产控制，真正实现智能制造。

其次，借助公共工业互联网平台，实现跨企业生产运营支撑系统的互联互通，从封闭生产模式，向协作生产模式转型，通过跨厂、跨区、跨省等资源共享、生产协同，支撑个性化生产协作分工等柔性制造能力。

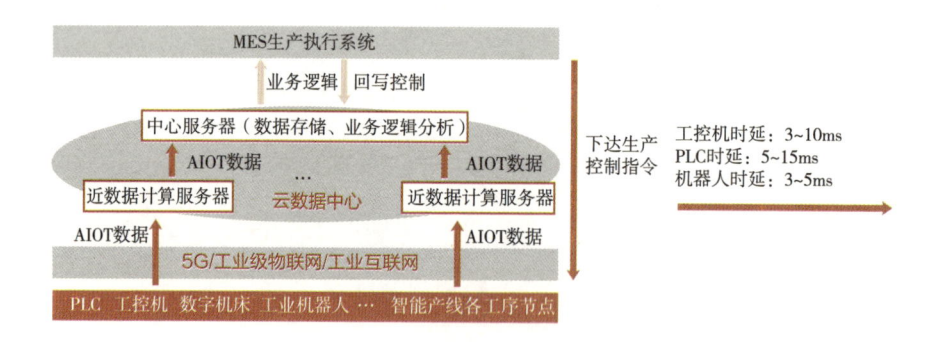

图3-3 智能制造产线自动化流程

二　建设工业数字化平台

部署工业级混合云，与公有云协同，建设工业数字化平台，融合大数据、人工智能、视频监控等能力，打通订单、采购、生产、供应、线上交易等系列信息流，实现OT与IT的融合，实现订单智能受理→产品智能设计→灵活调度生产线柔性生产→智能物流配送→可视化智能运营→个性化营销智能交易闭环。

三　开展智能化应用创新

OT域IT域的数据融合、关联性分析、数据特征挖掘等数据治理工作，是人工智能实现的重要前提条件。产品的属性数据、产品或设备的运行数据、项目或企业的运营数据、行业价值链相关数据、宏观外部环境数据、消费者行为数据等多维数据构成了大数据体系。没有数据就没有智能。数字化完成后，建立深度学习神经网络训练模型，基于公有云或私有云提供的算力，与工业场景结合，不断强化训练和迭代测试，与工业级专家经验协同，形成工业制造领域核心算法，通过云边端协同，更新智能装备和应用，比如智能物流、工业机器人等。

第三节　油气

石油和天然气关系到国计民生，其上、中、下游产业链在降低成本、安全运营、高效管理、提升综合竞争力方面，一直都有很高的要求。面对油井勘探开采成本高以及健康、安全和环保的风险，运营协作管理的压力等一系列挑战，油气行业的数字化转型势在必行。新ICT 技术在油气行业未来数字化转型中将发挥极其重要的作用，涵盖油气行业的上、中、下游，保障业务更加高效和安全。

一　建设高性能计算平台

随着勘探技术的快速发展，传统计算方式已不能满足四维勘探以及大数据量的快速计算和处理。建立大规模高性能的计算平台以满足大数据量的高效运算。

二　建设物联网平台

油田地处偏远、通信基础设施差对带宽及数据安全等提出更高诉求。同时每年都有成百上千的新增油井，难以监测和控制的井数量不断扩大，从而带来巨大的生产安全及人员安全风险。建立基于有线和5G 等无线技术相结合的物联网平台，通过部署无数个嵌入式传感器和传感网络，实现地下藏油、油井生产监控和地面控制系统的数据流的交叉分析和动态组合，从而实现油井生产监控，保障生产安全，提高产量。

三　推进数字化与智能化

油气管道运营面临的最大挑战是管道的安全，建设数字管道，实现管道运输信息化，将实现长输管道的远程管控和高效运营，从而保障安全。数字管道的建设，需要引入AI、大数据、物联网等新ICT技术，覆盖基础网络、融合通信和综合安全三个层面，从而实现业务的保障和承载。

油品配送属于危化品运输，其面临的两大挑战是在途油损高和配送安全事故频发。引入ICT技术融入配送业务，实时感知配送车辆，360度监视与管理，有效预防安全事故发生，减少在途非正常油损。

第四节　电网

我国发电资源主要集中在西部，用电需求更多集中在东部，有很高的输电线路投资和运维成本，充分利用本地发电，提高错峰用电能力，需要有电力大数据平台支持。企业和居民对供电要求越来越高，但传统有线通信方式布线成本很高，维护困难，电力保护停电范围大，而传统无线方式无法满足先进的差动保护实时性要求。电力设备越来越多，运维、抄表等工作面临人力成本持续上升的挑战。

充分发挥5G大联接能力将数以亿计的电表、设备接入电网，利用AI和大数据分析技术，将显著提升发电利用率、配电保护精准度和电网运维管理水平。

此外，需要守护电网网络安全，降低有组织的网络攻击导致大面积停电风险。

一 通信无线化，5G成为电力设备通信标准

终端设备支持5G。基于5G大联接特性，以电表为代表的电力终端设备全面支持5G无线通信，通过扁平化的5G无线网络传输，实现设备可视化管理与自动抄表，降低人力成本，提高管理效率。

控制设备支持5G。依托5G端到端低时延、高授时精度优势，推进基于5G的差动保护，满足15ms以内差动保护时延要求，提高电网可靠性和安全性，最小化停电范围。

维护系统支持5G。利用5G大带宽优势，部署室内和室外能化视频监控，重点发展具备视觉AI能力的巡检机器人和无人机，实现防火、防盗、设备故障预警，提高运维效率。

二 建设电力云平台，使能电力企业数字化转型

建设电力云平台，具备视频、IoT、GIS、AI、大数据、融合通信、安全等能力，支撑智能发电、智能配电管理、智能抄表、视频巡检等应用。利用电力云平台算力及全网控制变量大数据分析，优化调度能源，实现最优潮流，实现电力企业数字化转型。

基于云平台和5G，建设企业内部融合语音、数据、视频和业务的通信网络，实现任意终端随时随地、安全快捷地接入业务平台，满足企业IP语音、视频指挥、移动办公、远程协作等全方位的应用要求。

通过云平台的安全能力全网协防，引入 AI 技术感知威胁，防止设备被劫持、数据被篡改、业务被宕机，降低电网因攻击造成大面积停电风险。

三　推进分布式发电等电网新兴业务发展

充分利用屋顶、建筑玻璃等可用资源，推进广泛的分布式光伏发电，所有发电资源联网纳入监控，通过电力云平台分析制定管理措施，提高本地供电能力和比例。建设以储能站、电动汽车为节点的储能网络，与发电网络、用电网络融合，通过电力云平台进行能源调度，平抑波峰波谷，降低电网输入容量需求。支持变电站、储能站和数据中心三站合一等新业务，通过电力云平台拓展能源众筹等新商业模式，实现电力业务智能化运营。

第五节　水利

我国正在全面推进节水型社会建设，加强科技兴水，加快完善水利基础设施网络，着力于江河流域系统整治和水生态保护修复，采用数字化手段提升管理效率的智慧水利、智慧水务等已经成为行业热点。但是，智慧水利、智慧水务仍存在信息覆盖不全、数据共享不足、管理智能化程度不高等问题。

由于多数水利工程位于山区或远离人群的保护区域，通信困难，影响了信息的采集、数据传输和指令下达。河流流程动辄以数百公里计，水库面积超过数十平方公里，有线方式通信投资巨大而且难以维护，实际无法全面覆盖，无线通信成为水利设施主要通信方式。以 5G 为契机，应用 AI 和大数据技术，打造水利新基础设施，使能智慧水利、智慧水务，落实国家水利规划，造福全国人民。

一　扩大 5G 网络覆盖，按需改善水利信息采集

在无线网络覆盖差的偏远水利基础设施和水务管理区域，通过自建无线专网，或与运营商及塔商合作，共享水利设施站址、供电及运维队伍资源，推进 5G 公网部署。5G 网络全面覆盖，不但使数据量较小的水利监测信息可以及时上传数据中心，而且可利用 5G 带宽优势，用智能摄像机取代人眼，实现普遍的视频监控，使水利信息采集无地域差别，实现按需采集。

二　建设大数据中心云平台，使能智慧水利和智慧水务

建设水利大数据中心云平台，广泛共享行业内数据，积淀数据价值资产。充分利用云平台的 IoT、大数据、视频、GIS、AI 等能力，处理水利工程、水电站、水务监测站等各种设备、环境和视频信息，使能智慧水利和智慧水务。

水利大数据中心云平台同时承载水利业务和企业办公，实现 IT 和 OT 的统一，提供水利数据共享，服务于相关行业。

三　应用 AI 进行智慧化管理

在水务管理方面，对重点河湖、水域岸线进行动态监控，通过必要的水质监控数据，采用视频 AI、无人机手段实时进行重点区域水质

巡检，基于治理目标和最小能耗的截污运行调度，基于流域最大环境承载能力的排污管控措施等，对涉河湖违法违规行为做到早发现、早制止、早处理，落实中央对于河长制的要求。

在水利基础设施管理方面，通过智能摄像机、云平台 AI 能力进行周边人员活动智能检测分析，如入侵、攀爬、游泳垂钓、水上作业等；水面漂浮物智能检测分析，如发现白色垃圾、油污；水域、水位智能检测分析与预警；异常人员进入、火灾等告警视频巡检；指定人员活动轨迹呈现，如对现场巡视人员工作的智能化管理；水闸站周边森林防火；通过刷脸、车牌智能识别进行水利设施安全管理。

AR 技术可实现地下设施地面化，辅助设计、施工和运维。大坝、地下送水管道等重要设施内部可结合 VR 技术三维可视化监控。通过 5G 大带宽将 AR 和 VR 技术应用带到现场，提升工作效率，降低决策风险。在可能危及人民生命财产的区域，通过无处不在的无线联接，远程控制显示屏、语言发声等进行预警，推送防灾教育或现场指挥视频，协助防洪、防灾。

第六节　水运

保障港口、内河航道等水运基础设施，提升航运市场能力，完善服务功能，实现平安和绿色运营，这是水运行业的发展要求。与互联网发展高水平行业相比，水运行业信息化发展仍有较大的提升空间，发展水平不均衡，资源不集中，信息共享不足，管理和维护力量仍较薄弱。随着船舶数量不断增多，航线日益繁忙，水运面临高人力成本和环境污染问题，保障安全也是管理的挑战。

5G 支持无处不在的联接，AI 和大数据使能智能化，新技术引入将深刻影响水运事业发展。

一 构建基于 5G 联接的水运行业物联网生态

宽广的水域需要海量的传感器来支持智慧航道、智慧码头等建设，基于 5G 可靠通信能力，鼓励发展支持 5G 通信技术的各类防水、可长期工作的传感器、显示屏、通信终端等，推动形成水运行业 5G 物联网生态。

二 建设水运智慧云平台，使能智慧水运发展

建设水运云平台，具备 IoT、GIS、大数据、视频、AI、安全等能力，支撑智慧码头、智慧航道、智慧海事、智慧船舶运输、智慧水运基础设施运维等应用。云平台汇集码头、航道、船舶等数据，综合业务运营信息，对接政府相关部门数据，通过应用系统支持水运管理、船舶调度与服务决策等，为科学决策、便捷管理、优化服务提供了强有力支撑，保障水运事业平安、绿色发展。

三 构建智慧运输系统

构建智慧运输系统，通过大数据分析优化运输路径、充分利用冗余运力提高实载率、支持在线竞价等增强水运市场能力，信息流、物流、资金流、证据流和票据流一体化，推动水运绿色发展。船舶自动靠离泊、装卸货、清洗、自主航线设计、自检等智能化技术也将在船

舶运营中得到发展与应用,最终推动船舶无人化。

在信息共享的基础上,通过大数据分析实现智能决策、自主统一调度、综合指挥,水运保障服务工作协同运作,打造智慧水运服务体系。

第七节　公路

各国在公路数字化方面已经做了较多的尝试。本书中我们聚焦在比较新的场景,即自动驾驶、车联网相关场景来进行分析。未来的自动驾驶将有两种模式。

聚焦于车体本身的智能实现类人操控的自动驾驶,与外界没有互联。如当前的特斯拉,依托于车内配置的丰富传感器感知周围环境,收集的数据经过MDC(车载移动数据中心)来进行计算,得出最终指令给车体控制系统执行。

车体本身部分智能+车路协同、车间协同、车与周围其他环境的协同等。这种模式除了车体本身智能之外,需要5G的支撑实现车的立体空间融合。比如车体通过5G网络与附近的5G基站以及MEC(移动边缘计算服务器)进行通信,了解周边车流状态、红绿灯状态,前方是否有交通事故,是否有临时障碍物等。同时与周边车辆沟通协调,实现群体智能,比如所有车辆以统一的速度前行,自动按照需求分配车道等。

我们认为中国的自动驾驶未来会走向第二种模式,充分发挥高质量5G网络实现的超大带宽和超低时延的特性价值。

这样带来的好处有以下几个。

对车体本身的智能有较低要求，部分智能分析转移到近端的分布式智能节点，车体不需要配置特别复杂强大的处理能力。相应的传感器配置要求也会有所降低。

提升道路整体的安全性。车辆可以提前获取前方路况，甚至提前预测道路及车辆可能发生的紧急情况，做出超前反应。

提升车辆群体效率。根据路况要求，由调度中心统一计算适合的车速并下发指令。所有的汽车以统一车速前行，并实现统一的收费、标准检查等。预期城市道路平均车速及通行效率能提升 30% 以上。

一　统一规划，建立分级智能公路

对于建设模式来讲，需要政府统一规划，建立分级智能公路。并且分步实施，孵化自动驾驶智能。

一级智能公路可以设定为国家级主干高速公路，沿途建设无缝 5G 覆盖，要求所有上路车辆同时具备自动驾驶能力和 V2X（车到任意物联接）能力标准。实现完全网络主导的自动驾驶。

二级智能公路可以设定为区域级智能公路，在重要节点保障 5G 服务，要求所有车辆具备自动驾驶能力，部分车辆具备 V2X 能力，可以实现一定程度的网络辅助自动驾驶。

三级智能公路可以设定为市区内的封闭式主干高速，要求所有车辆具备 V2X 能力，但不要求都有自动驾驶能力。具体考虑是，市区道路资源受限，为满足公平性，所有车辆均可上路，但不具备 V2X 能力的车需要经过改造，可接收车路协同信号，由人代为执行网络的辅助驾驶指令。

四级为普通公路，对车辆没有要求，但道路周边用 5G 网络，通过较为粗放的信息进行路况分析，并实施驾驶指令广播，广播分为两种形式，一种是针对机器的控制信令，另一种是针对驾驶员的语音。对车辆控制器或驾驶员而言仅利用收到的广播信息进行决策辅助，是建议而不是强制。

几级公路建议分步规划，逐步孵化能力，最终统一。

二　自动驾驶车联网方案建议

除了公路之外，还应当统筹考虑按照以下顺序布局自动驾驶车联网方案。

封闭式园区：如企业园区、采矿、油气之类人员较少，并且环境恶劣的园区等。

国家主干高速：筛选重要的干道进行 5G 全覆盖，并进行车联网改造，还可以发展车辆编队群体智能。

城市交通：城市干道优先部署 5G 网络，辅助自动驾驶，并发展自动驾驶共享汽车。

第八节　航空

每年有数亿乘客和全球贸易的三分之一货物经由航空运输，航空公司和机场正在谋求基于新 ICT 的数字化转型，以满足业务不断发展的各种需求。全球机场 ICT 投入主要受到旅客服务项目升级、出行安全、移动商务以及新技术驱动等因素的影响，逐渐进入智能运营以及开发转型的数字化发展路径上。同时,数字化的智慧机场愈发强调业务零中断、高可靠性以及高稳定性,这背后需要强大的 ICT 基础设施以及出色的解决方案支撑。

智慧机场建设就是采取 ICT 手段,采集和处理信息,实现业务自动化、服务个性化、功能人性化、管理流程化、流程顺畅化的模式创新的过程。

从业务本质出发,对于面向未来的智慧航空实现旅客流"一张脸"、运行流"一张图"、货物流"一颗芯",以保障业务对象的一致性、业务诉求的一致性。

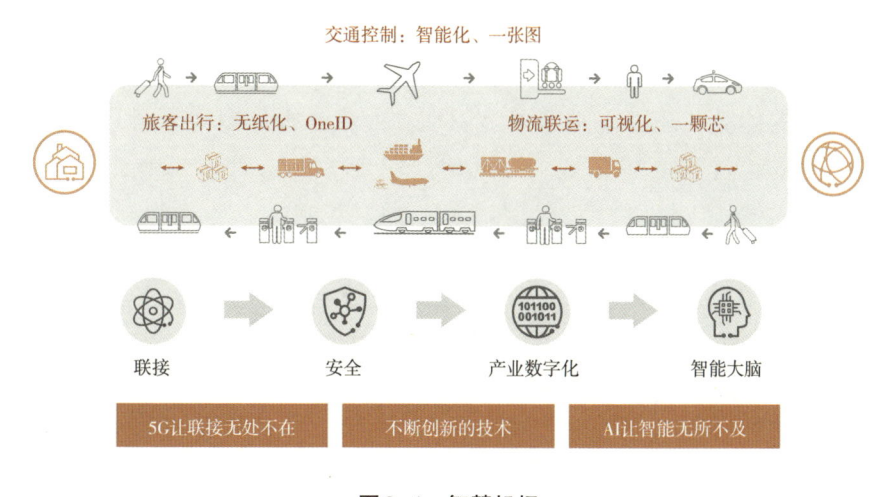

图 3-4　智慧机场

一　构筑智慧机场数字平台

以无线、云计算、智能视频监控和 IoT 等创新 ICT 技术构建端到端智慧机场。

通过摄像头、传感器、移动终端等构筑机场感知层；通过无线、WiFi和敏捷网络等解决方案打造立体传输管道能力；基于云平台搭建全局统一通信、视频云、IoT和大数据平台，从而实现机场全局数据共享和分析，打造机场协同决策系统和运行数据库，进而实现运行可视、安全可视和服务可视。

二　打造智慧机场无处不在的联接

从业务上划分，机场分为生产网、离港网、安防网、综合网和服务专有云网5个网。领先的5G、WiFi6等设备构筑智慧机场的园区网络，保障面向未来的智慧机场对低时延、高并发等的要求。不仅提高旅客的体验，还可以基于人脸识别、人流分析等多种应用开展机场创新业务与服务。

例如，乘客乘坐飞机时上网，主要通过机载通信设备把数据传送给通信卫星或空地基站。5G将会助力航空互联系统为乘客提供更高速、更便捷的无线网络服务，将5G方案部署到塔楼上，为空地（ATG）服务提供联接动力，有望实现更多飞机从地面站获得5G连接，提升乘客体验。

三　构建智慧机场应用

基于ICT基础设施建设，智慧机场可以实现更多智慧应用。比如："一张脸走遍机场"就是一个典型应用。AI技术可以辅助提升从旅客值机、安检到登机的安全保障，提升旅客自助服务的便捷程度和体验。人脸认证过的常旅客可以在少感知甚至部分环节零感知的情况，快速完成多个环节的安全检查。预计到 2021 年，中国 50% 的机场都将为机场内所有的接触点提供如人脸识别等一站式自助服务。

智慧机场也将大幅提升机场航班流的管理效率。基于物联网数十项乃至上百项核心数据源，智慧机场将实现这些数据的自动采集、数据融合，便于实时分析。例如，飞机关舱门这个关键节点。现在很多机场需要手工录入，操作与信息系统不一致影响航班放行。这个简单的动作可以基于机器视觉判断完成，作为流程中重要监测节点进行上报，轻松解决流程衔接的问题。这只是一个小小的示例。智慧机场将围绕"全流程、全场景、全要素"，实现机场运控一张图。

智慧机场可以实现对机场核心资源分配、地勤人员工作排班、航延预测等效率的提升。提升的一个小数字可能产生巨大的商业价值。例如，华为在深圳机场运用 AI 技术，实现智能机位分配，在这个模型中数字化了 100 多个机位分配的规则与经验，通过精度求解算法，有效将机位廊桥周转率从 10.24 架次 / 天提升到 11 架次 / 天，这一提升不仅带来了机位资源的优化，同时也让 400 万人次旅客不再需要坐摆渡车，有效提升了旅客体验。

第九节　铁路

随着全球城市化水平的提升，越来越多的城市选择轨道交通来提升城市通勤能力，以降低交通拥塞的压力。当前，全球兴起的新一轮产业技术革命，极大推动了互联网与城市轨道交通的深入融合，并不断衍生出崭新的自动化、智能化新技术。为了充分发挥城市轨道交通核心优势，越来越多的国家正在增加城轨行业投资，并基于创新ICT技术的行业应用，向公众提供更加方便、快捷的客运服务。未来，国际城市轨道交通的发展趋势将有望进入全自动驾驶的高速发展时期。

一　建设下一代城轨车地通信

地铁的车地通信，是指在列车高速运行过程中，把车载数据向车站、车辆段、停车场等属地进行及时传输，以实现地铁运营方对乘客状况、列车设备及运行状态、隧道及弓网等情况的监测。

一趟运行1小时的列车大约会产生25GB的数据。此前，受技术制约，车载数据只能储存在车上的硬盘中，待列车下线后再行拷贝。5G车地传输可做到自动连接、自动身份认证和自动上传，全程无须人工干预，传输速率超过1.5Gbps。

只需在列车和车站、停车场、车辆段等地增加小型5G终端，无须在地铁隧道内大规模作业，工程难度低，改造花费少，可维护性强。

二　5G高铁覆盖

高铁是我国的一张名片，而全线推动5G高铁覆盖，将进一步提升高铁的整体水平。

以往，受山区信号不良、线路过长等影响，旅客在旅途中经常面临手机网络差、速度滞后等现象。代表更宽带宽、更高速率的5G对高铁站实现全覆盖，将能够让旅客在候车、旅途中均能淋漓尽致地体验丰富应用。

除了畅快的网络体验，5G机器人、5G+8K VR全景直播，甚至全息体验等都将可以在高铁站、高铁上实现，让乘客在漫长的旅途中有丰富的体验。

5G 还能大幅提高高铁安全系数。利用 5G 超高带宽、超低时延等特点，结合 5G AR 远程维修等应用，可以实时掌握风级、雨量、雪深等自然环境，能更快地在地震预警时自动应急处置，能更高效检测车站、轨道线路的非法入侵等。

第十节　农　业

随着万物互联智能时代的到来，我国的农业也随之迎来新的发展机遇。智慧农业不仅有利于解决我国现存的"三农"问题，还有利于我国农业产业化的形成，成为发展农业生产的关键一环。5G 时代智慧农业将最新的信息技术系统应用于农业生产的全过程，对我国的农业发展起到至关重要的作用。

一　建立统一的农业服务平台

构建以大数据技术为基础的农业服务平台，提供农业产业链数据采集，统筹农田、林地、鱼塘等农业资源规划，及时推送气象信息、市场信息、农业指导、政府政策等至相关人员，让全民共享信息资源。

（1）充分挖掘农业产业链前端、中端以及末端的数据采集，实现产业链产前、产中、产后的精细化耕作和智能化管理。

在农业产业链前端的农业产品生产试验阶段，通过试验田的数据分析与利用而发明的新品种、新技术，在向广大基层农业生产者进行推广的过程中，通过对用户反馈信息的采集和分析，进行新一轮的大数据分析，为在试验阶段的农业技术与产品改进、新技术与新品种的开发提供实践数据。在农业产业链中端，广泛采用以计算机技术为基础、以数据挖掘与利用的机械化与流水线作业的方式，提高生产效率；同时对生产加工过程中进行实时数据监测与分析（如在发酵食品、饮料制作这类需要特殊且精确技术才能完成的加工过程中，对数据的监测能有效控制产品的质量，为产品的标准化和规模化提供支持）。在农业产业链末端的营销领域，对农产品销售网点分布的记录、销售业绩的记录，以及利用销售地人口分布信息、商业综合体分布信息、人流量信息、停车场信息等的综合分析与利用，为合理分布产品销售点、提高商品销售量提供可靠的支持。

图3-5 精准化农业管理系统

（2）除农业生产经营过程之外，有关农村社会、文化、生态领域的研究，同样可以借助大数据分析来进行。如通过农业人口变动、农村城镇化、农村社会保障、农业生态环境治理等方面的数据利用，来研究农村社会变迁。当然大数据分析在农业领域的应用远不止这些。

随着云计算、移动互联和物联网系统的形成，大数据分析将在农业生产经营领域展现自己更多的魅力和价值。

二 智慧农业大数据应用示范工程

推进智能化农业装备应用。利用物联网、卫星遥感等技术，建立农情长势与病虫害监测、农业灌溉自动化、农机监控调度、淡水养殖水质监测、畜禽养殖园区气体排放监测、农产品质量安全管理与溯源等农业大数据平台，利用信息化手段提升农业管理水平。建设面向农业的大数据中心，整合涉农信息资源，建立涵盖农产品供求、农业知识、农业技能培训等信息的农业信息服务平台，以肉类、瓜果、蔬菜、食用菌等为重点，建设农产品安全追溯系统。发展智慧海洋养殖产业，鼓励海洋养殖领域的大数据应用，通过在水产品养殖场（区）部署传感器网络，开展对水温、流速、海水浓度等的监测，实现精准管控和智能养殖。

三 布局才智村庄建设，推动乡村经济发展

2017年，国家发改委、国家旅游局等14个部门共同制定印发了《促进村庄旅游开展提质升级行动方案（2017年）》，方案首次提出开展才智村庄旅游；同年11月，我国工信部总工程师张峰在首届生态农业才智村庄互联网大会上表示，工信部将继续深化推动供给侧结构性改革，加速推动数字经济开展，促进才智村庄、新型才智城市建造。

构建才智村庄应从解决村庄民生问题入手，加速农业科技改革创

新，大力开展现代种业，实施地理标志农产品保护工程，推动农业全程机械化，支撑返乡入乡创业创新，推动一二三产业交融开展，推动村庄建造。大力完善才智+乡村养老体系、才智+精准扶贫、才智+乡村教育、才智+乡村医疗等关系乡村民生的切实问题。例如，在村庄安装大量智能摄像头能够实时记录老年人的行为轨迹，并将实时监控视频推送给老年人子女，出现危险状况，体系将在第一时间远程警报提醒；当前村庄才智+教育作业在教学上必须构建完整的教育网、校园网，并对"二网"进行教育信息化升级，全面深化运用现代信息技术来促进教育改革与开展；在校园安全问题，至少要初步形成视频监控"遍及式、实时化"、周界报警"联动式、全天化"、一键报警"响应式、一键化"三大安防体系，日后再逐渐完善门禁体系"比照式、智能化"、电子巡更"覆盖式、自动化"、消防感知"监测式、预防化"以及综合安防管理渠道"掌控式，全局化"等更高水平的安防作业，在人工智能技术、大数据等先进技术的支撑下将校园安防逐渐向精细化跨进。

第十一节　教育

习近平总书记在北大师生座谈会中说到"国势之强由于人，人材之成处于学"。国家的强大依靠优秀的人才，而人才的培养要通过教育的培养，这就说明了教育的重要性。百年大计，教育为本。教育是人类传承文明和知识、培养年轻一代、创造美好生活的重要途径。利用现代技术建设智能化校园，统筹建设一体化智能化教学、管理与服务平台，加快推动人才培养模式改革，实现规模化教育与个性化培养的有机结合。

当前经济发展不平衡、教育资源分配不均导致出现多种教育问题，主要包括以下几个方面。

（1）教学手段单一，以老师授课、学生被动吸收为主，不能充分调动视觉、听觉提高学习效果。

（2）偏远地区教育资源缺乏，师资力量薄弱，学生接收知识有限，而教学发展的区域不平衡又导致新一代的数字鸿沟拉大。

（3）教育方式传统，以应试教育为主，无法充分挖掘学生潜能，导致学生缺乏有效的创新思维培养。

（4）教育内容信息化水平低，与时俱进速度慢。比如传统的纸质教材更新速度慢，教育体系和学科的设立不能较快适应智能文明时代对人才的要求。

为更好地推动教育智能化发展，缩小城乡教育差距，促进教育公平，需要从以下几个方面进行布局。

一　部署虚拟仿真实验系统，让教育实验更有趣

科技进步的发展给各行各业注入新的活力，同样教育的前进也离不开新技术的陪伴。通过部署以虚拟现实、增强现实技术为基础的虚拟仿真实验应用，通过实验场景展现、人机对话等方式全方面调动学生的视觉、听觉、触觉、味觉、嗅觉等感官能力，不仅有助于解决实验环境缺乏和实验成本高的问题，同时让教学更有趣更真实，激发学生动手实验的乐趣。

二　完善新型基础设施，让教育公平触手可及

教育公平是社会公平的重要基础，要不断促进教育发展成果更多更公平惠及全体人民，以教育公平促进社会公平正义。坚持不懈推进教育信息化，努力以信息化为手段扩大优质教育资源覆盖面。新时代教育基础设施不仅有硬件要求，持续长远的发展还需要软件引擎。为切实保障教育的公平，政府一方面要通过新技术引入的方式完善教育欠发达地区的基础设施，把5G远程互动教学、5G AR在线学习等带入课堂；另一方面要加强对乡村教师的信息化水平培训，提高教师的数字媒介素养。在此基础上，新时代的数字鸿沟才不会拉大，教育公平才能逐步实现。

三 布局智能化教育，让教育个性化

在现阶段，5G、AI、大数据等新技术的蓬勃发展给个性化教育带来了广阔的发展空间，而5G、AI、大数据等新技术又对教育方式提出了新的要求。把不同孩子的潜力激发出来，是每个老师义不容辞的责任和义务。建设教育管理大数据公共服务平台，帮助实现学生电子学籍档案在不同教育阶段的纵向贯通，推动教育基础数据的伴随式收集和互通共享，形成覆盖全省、协同服务的教育资源云服务体系。制定教育数据规范和交换标准，建立教育统一身份认证体系。建设教育规划与决策支持系统和师生成长监测分析系统，加强教育数据统计分析和综合利用。推动跨行业、跨层级的教育资源个性化智能化，在挖掘学生潜能的同时，提高学生创新能力。

四 教育要与史俱进，更要与时俱进

在我国古代，教育在"修身齐家治国平天下"中举足轻重。我国现代的教育方针提到要"培养德、智、体、美全面发展的社会主义建设者和接班人"。当下传统的纸质教材较对出版印刷流程烦琐，一定程度上导致知识更新速度慢；而另一方面数字化教材又不能很好地满足社会发展需求。此外，随着人工智能技术的发展，人类许多技能型的劳动将被机器人接管，教育作为培养人才的重要环节，应当紧跟时代步伐，探索适应智能文明时代的教育体系，加大脑科学和创新劳动研究，让学生在自我管理、团队协作等方面不断提升，适应数字时代的人才市场。

第十二节 金融

金融是一个古老而又现代的行业。中国早至夏商时期就曾以贝作为货币媒介进行商品交换。以数字支付和移动金融为代表的现代金融体系，更是无时无刻不在推动着经济和社会的发展。随着5G、人工智能、大数据、云计算等新兴技术的发展，金融行业将进入金融与科技深度融合的新阶段——智能金融。智能金融是以人工智能为核心，以5G技术为支撑，以大数据为基础的新技术与金融服务深度融合的产物，将给人类社会带来更加智能、便捷和个性化的体验。

一　建立金融大数据平台，让全民享受智能金融

5G通信技术的到来将导致数据规模呈指数型增长，5G和人工智能在金融行业的应用将产生海量的金融大数据，海量的金融数据将对数据归集和管理能力提出新的要求和挑战。5G时代下，应探索构建统一的金融大数据平台，加强数据归集和管理，整合银行、证券、基金、期货等金融子行业数据资源，提高对金融交易类数据的采集监测，重点强化针对股票期货、大宗商品、转账支付、刷卡消费等金融交易类数据的综合归集。可通过统一建立大数据管理系统，收集各类企业在经营过程中的各种数据，统筹分析，精准放贷，提高金融资源的配置效率。基于金融科技的数据化特征，利用5G技术和人工智能技术监管机构可随时随地对各类小微企业的信贷情况进行分析和监测，及时做出放贷或停止放贷的

行动，在减少资源消耗和追求时间效率的前提下，有效规避金融风险。

二　应用 ID-Mapping 技术，保障个人金融安全

ID-Mapping 技术通过集成人脸、声纹、指纹、瞳孔等个人特征信息，实现人—账号—设备等关联，识别设备异常、高危账号；通过关联网络构建欺诈关联图谱等，实时打击黑产、黑中介等团伙欺诈。未来在 5G、AR 和大数据风控技术的进一步支持下，失信或欺诈者的违约成本将越来越高，失信清单将实时公开给公众，公众可通过街边无处不在的智能屏幕实时查询交易对象信用记录，酒店、航空、铁路、公安等部门能够及时获取失信者的住宿、出行等个人信息。

三　开发金融风险防范应用，保障国家金融安全

新技术在金融业态中的广泛应用将对国家防范化解金融风险和金融安全体系的构建提出更高的要求。未来可重点开发与金融风险防范相关联的应用，提高预警能力，保障国家金融安全。应充分运用5G、大数据、人工智能等信息技术识别和提前应对国内外经济金融运行过程中可能出现的重大风险问题。充分整合经济金融运行相关数据资源，重点针对金融杠杆率和流动性风险、信用风险、影子银行风险、违法犯罪风险、外部冲击风险、房地产泡沫风险、地方政府隐性债务风险、部分国企债务风险、大规模失业风险、外资外商风险识别等重点领域，搭建建模环境和数据加工、清洗环境，开展金融风险模型训练、数据测试集校验建模，形成分区域、分领域、分行业金融风险预测预警体

系，不断强化宏观经济风险识别和应对处置能力，切实防范潜在运行风险。

第十三节　医疗

近年来，国家陆续出台相关政策，提倡研发基于人工智能的临床诊疗决策支持系统，开展智能医学影像识别、病理分型和多学科会诊以及多种医疗健康场景下的智能语音技术应用，提高医疗服务效率。目前，在医疗 AI 落地方面遇到的挑战主要有两个。首先，大部分医院信息化共享平台建设不充分，仍处于信息化、数字化转型初级阶段。其次，因涉及个人隐私，样本数据获取困难，因缺乏足够数据样本和专业医生投入，目前大部分 AI 辅助诊疗未通过临床检验。没有人工就没有智能，以医学影像 AI 辅助诊疗为例，达到机器人完全替代专业医生标准，依赖大量样本数据训练以及专家经验配合，通过反复的训练、测试、人机比拼，才能交付临床使用。

综上，全面建成 5G+AI 智慧医疗体系，建议如下。

1. 建立医疗大数据平台，实现信息共享

建立医疗大数据共享平台，建立分等级数据共享标准体系，实现电子病历、医疗影像等医疗数据的跨医院共享。

2. 以云化、数字化为核心，搭建医学人工智能平台

在云化、数字化基础上，搭建深度学习神经网络医学人工智能平台，结合大数据挖掘、知识图谱、专家经验等，形成医学影像识别、病理诊断、心血管疾病防治等领域算法。

图3-6 医疗大数据系统

- 医院信息管理系统（HIS）
- 综合管理
- 临床影像诊断
- 医学影像传输与存档系统（PACS/RIS）
- 临床检验
- 实验室信息管理系统（LIS）
- 医疗大数据平台

HIS
病人诊疗信息和行政管理信息电子化优化医院流程和管理，减轻医护人员工作量和失误

PACS/RIS
数字化医学图像信息处理的综合系统，实现图像的综合管理

LIS
专为医院检验科设计的一套实验室信息管理系统，实现智能化、自动化和规范化管理

图3-7 医疗人工智能平台

医疗影像识别　药物研发　智能诊疗　健康监测　医疗机器人　……

应用使能：场景化API服务一站式开发、场景化API分层服务

医疗AI关键技术：
- 计算机视觉　自然语言处理　机器智能问答　知识图谱
- 医疗领域算法：影像诊断、病理诊断、中医诊断算法等
- 模型训练：数据标注/模型训练/人机技能对比/测试迭代
- 深度学习神经网络训练模型
- 医疗大数据挖掘、分析

3. 发挥 5G 优势，整合远程医疗，形成智慧医疗体系

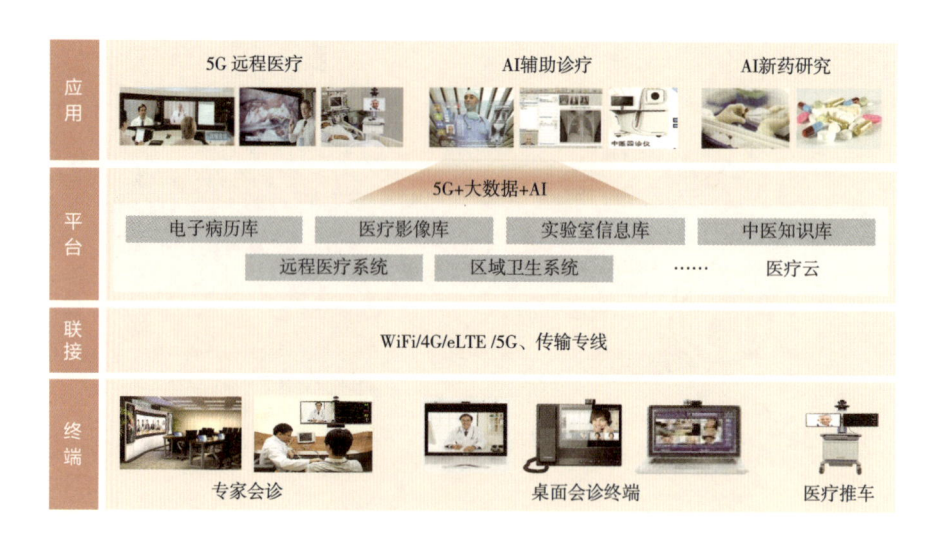

图3-8　智慧医疗体系

协同 5G、医疗云、物联网等技术，升级远程医疗系统、机器人、可穿戴设备，以 4K/8K 超高清视频，实时操控手术机器人进行远程手术，实时监测心血管疾病等病人病情，突发情况实时预警，防范风险。

第四章

发展倡议：政产学研金用协同发力

随着全球新一轮科技革命和产业变革的深入推进，5G已成为世界主要国家数字经济战略实施的先行领域，我国更将5G视为建设制造强国和网络强国的新引擎。政府将在支持发展5G技术的基础上，牵引产业、院校、科研机构、金融机构等主体，结合人工智能、大数据、云计算等新ICT技术，共同研究新技术的创新应用发展，更好地促进行业数字化转型。政府制定相应的资金扶持、科技资源开放等政策措施，营造良好的社会环境；企业围绕市场需求，加大技术应用创新投入，为客户提供智能化的产品体验；高校加强基础科学研究，潜心钻研原始理论，不断培育专业人才；科研机构结合理论创新，联合企业共同打造面向未来的高端产品；金融机构坚持产融结合，不断加速5G领域创新势能向产业动能的转换。我们相信，政产学研金用各司其职协同发展，共同打造高质量发展的基石。

第一节 政府：先行先试，探索协同治理新模式

当前，5G大规模商用的步伐日益临近，我国已成为全球5G产业发展的"领头羊"。未来三年，我国正处于"两个一百年"奋斗目标的历史交汇期，推进国家治理体系与治理能力现代化，就需要政府在运用5G、大数据、人工智能等新技术创新社会治理方面，充分发挥先行先试的作用，加强应用探索。早在2002年，国家信息化领导小组就提出，要把电子政务建设作为今后一个时期我国信息化工作的重点，通过政府先行，带动国民经济和社会发展信息化。当前，在全球围绕5G、人工智能、大数据等新一代信息技术竞争日趋激烈的大背景下，更应当充分发挥我国体制机制优势，探索构建物联、数联、智联的政府协同治理支撑平台，推进实现政府决策智能化、公共服务虚拟化、行业监管精准化、社会治理人性化、行政过程移动化；以政府先行带动产业发展、技术创新和人才培育，充分调动各方优势资源，形成发展合力，打造5G时代数字经济发展的"新型举国体制"。

在下篇中，我们还将对政府先行战略进行专门阐述。

第二节 产业：统筹规划，构建协同运作新格局

1. 围绕5G应用场景，超前布局上下游产业链

配合各地5G网络基础设施建设布局，统筹布局5G相关云、管、端各环节产业集群，推动5G、人工智能、大数据、云计算、物联网、移动互联网等新一代信息技术群体融合发展。发挥面向5G的大数据智能化基础资源作用和创新引擎作用，深化5G、大数据、人工智能在各行业融合发展及创新应用，促进以数据为关键要素的数字经济全面快速发展。推动泛5G产业大规模集聚和新业态培育，促进5G与数据存储、物联网、智能网联汽车、虚拟现实、远程医疗、数据安全、数据存储、智慧终端等产业协同发展，促进传统产业转型升级和新兴产业加快发展，培育新经济增长点。

2. 加快前沿技术创新联盟建设，强化产业链相关资源整合力度

依托行业领先企业，联合产业链上中下游企业、学术机构、高校院校等，面向关键技术、关键产品以及应用创新，成立前沿技术创新联盟，引领行业发展。鼓励行业领先企业、高校院所牵头建设前沿技术产业发展研究院，以市场需求为导向开展技术研发、技术转移和成果转化，政府将提供一定的科研经费支持。构建政产学研用协同推进的公共平台，支持龙头企业牵头建立开发者社区，开展协同创新，形成产业发展合力，全力推进云计算、大数据产业发展。

第三节　院校：需求导向，建立协同育人新机制

1. **培育 5G 相关领域基础研究人才**

围绕市场需求和国家战略部署，创新人才培养机制，多方引才引智，培养一批具有国际视野的权威科学家。提供开放的交流平台，鼓励各类人才在企业、高校、科研院所互相交流探讨，"一杯咖啡吸收宇宙的能量"。

2. **鼓励高校、产业、科研院所，联合组建泛 5G 应用人才联合培养基地**

各方整合优势资源和导师团队，建设 5G、大数据、人工智能领域应用型人才实习实训平台，联合研发大数据分析挖掘技术、理论和案例课程，推进应用型人才培养。

3. **搭建面向 5G 应用的大数据智能化研发智力众包平台**

建设面向 5G 的大数据智能化开放创新平台，面向全社会开放算法训练、数据挖掘等领域应用接口，通过组织创新创业大赛、设立创新基金等方式，鼓励各方共同参与 5G 场景下大数据智能化开发利用研究，有效汇聚各方才智资源。

4. **建设面向"一带一路"的国际泛 5G 应用人才培养机制**

选择合作基础和条件较好的"一带一路"沿线城市，共建"一带一路"5G 技术国际交流培训基地，开展面向中亚、东南亚、南亚、非洲等海上丝绸之路沿线国家的 5G、大数据、人工智能领域的技术人才跨国培训交流项目。通过教育培训将我国在 5G、大数据、人工智能、云计算、智慧城市等新一代信息技术和未来网络技术方面的优

势向海上丝绸之路沿线国家和地区推广渗透，带动相关产品和服务出口，助力数字丝绸之路建设。

第四节　科研：强基固本，培育协同创新新动能

1. 强化基础研究系统部署

基础科学研究作为提升国家源头创新能力最重要的载体，是创新技术的源泉。加强以5G、人工智能、云计算、大数据为代表的前沿技术基础研究，对提高我国科技创新能力具有根本性、长远意义。坚持从教育抓起，完善学科布局，推动基础学科与工程应用学科均衡协调发展，鼓励开展跨学科研究。加强基础理论和应用技术的协同创新，积极探索产学研协同合作，破解科学难题，共享创新成果。

2. 加大基础研究投入

依托高等院校、科研院所、龙头企业等布局建设一批基础研究创新基地，支持各类创新主体进行科学前沿问题研究，开展具有重大引领作用的跨学科、大协同的创新攻关，打造体现国家意志、具有世界一流水平、引领发展的重要战略科技力量。

3. 优化5G产业协同创新环境

政府加强统筹规划，集中资源要素，瞄准世界科技发展前沿，突出原始创新。加大科学数据、科研设备、科研资料等科技资源的开放，让各类人才共享共用，共同推动基础研究与应用研究的融通发展。

4. 打造产学研用协同创新平台

政府牵头成立技术创新平台，协同企业、高等院校、研究机构等，通过一系列的优惠政策和资金扶持，推动科学研究、人才培养和基础设施建设全面发展。建设智能算法公共服务体系，围绕5G应用场景下中小微企业、科研院所和个人开发者对人工智能通用算法模型的需求，集成文本处理、图像识别、语音识别、信息检索等人工智能核心技术组件及有监督学习、无监督学习、深度学习、迁移学习、强化学习等机器学习核心工具，提供基础算法服务。

5. 突出以人为导向，营造轻松的科研环境，使各类科研人员能潜心长期研究基础科学

完善分类评价机制，调动企业、高校、科研院所的积极创造性。建立企业进阶培育机制，选取一批具有良好创新前景和发展潜力的企业纳入培育计划，根据各级各类政策，实施动态滚动支持，着力发展一批"大而强"的龙头企业，积极培育一批"专精特新"的骨干企业，带动发展"小而优"的中小微企业，形成融通发展的良好局面。

第五节 金融：脱虚向实，探索协同发展新路径

坚持产融结合、技融结合，通过设立知识产权基金、产业创投基金和股权投资基金相结合的方式，加快5G、大数据、人工智能和数字经济领域创新成果转化与产业化发展。

（1）在泛5G领域创新早期，瞄准应用前景明确但尚处于研发初

期的重点研究领域,设立知识产权基金。重点围绕在先进制造业、智能交通、未来网络、环境与能源、智慧医疗、现代农业与食品工程等5G应用领域,由政府牵头,整合高校院所创新资源,对具有产业化潜力和技术先进性的知识产权,以及具有核心技术优势的科技型初创企业进行投资,政府资金投资收益可以通过持有成果知识产权股权的方式与创新团队共享,提高创新效率。建立5G知识产权评估、作价与交易中心,在科技与金融之间寻找连接纽带,使研究与实践金融机构,更容易支持科技型轻资产公司尤其创新创业型科技公司的方法,为高科技类公司创新融投资模式。

(2)在泛5G领域创新中期,瞄准科技成果转化和产业化需求,设立若干产业创投基金。围绕机器人、虚拟现实、智能网络汽车等5G相关领域,联合相关行业内的龙头企业及高新技术公司、政府创业投资引导基金、金融机构、专业投资机构等,投资设立若干行业创投基金,发挥协同创新支撑作用,带动相关科技研发、成果转化、产业发展等。

(3)在泛5G领域创新后期,加强泛5G科技产业股权投资。围绕国家布局重点,聚焦核心领域,通过开展股权投资,培育一批世界一流的5G上下游高科技企业集群,打造产业协同集群,合理布局生产制造基地,积极推进跨区域、跨产业链环节、跨应用领域系统协同整合。设立5G高精尖产业并购基金,以产业基金并购整合方式支持5G龙头企业打造高精尖产业链和骨干企业迅速做强做大。

第六节　用户：营造氛围，建立协同共生新生态

加强对全社会相关用户的宣传引导，秉持实事求是原则，对5G、大数据、人工智能等技术既不过分吹捧，也不消极否定，避免产生"唯技术论""风口论"等误读或扭曲，在全社会范围内营造有利于产业发展的舆论氛围，推动形成数字经济与数字文化共同繁荣的新气象。

（1）组建5G时代未来社会体验馆、国家大数据和人工智能主题公园等宣传推广平台。以未来科技、未来网络、智能技术、虚拟现实（VR）和增强现实（AR）、万物互联等泛5G应用科技为特色，向民众展示5G相关产业发展最前沿应用水平。

（2）推进完善贵阳数博会、重庆智博会、世界互联网大会、福建数字中国峰会等国家级大数据行业会展活动，加强对5G、大数据、人工智能领域行业的企业产品展示、业务交流、商机汇聚等服务，推进大数据智能化文化在全社会范围内广泛传播。

（3）倡导顺应未来社会的数据文化、智能文化。数据文化的基础是尊重客观世界的实事求是精神，强调用事实说话、按理性思维的科学精神；数据文化的升华则需要形成以人为本的价值取向。应当注意塑造在数据文化时代的民族之"魂"，树立以"提升生命质量"为导向的大数据和人工智能文化价值观。通过新技术应用，让未来社会的每一个人觉得更轻松、更自由、人格更完善。

上篇小结　开放性问题

面向未来，5G 对经济社会的深刻影响，可能会超出当下所有人的想象，就像 4G 时代因为移动通信技术的进步，催生了诸如网络直播、移动支付、共享经济等前所未闻的新应用，造就中国的"新四大发明"一样。在本书上篇的最后部分，我们给出以下十个开放性问题，希望与社会各界有识之士共同探讨。

1. 如何解决 5G 时代大数据智能化飞速发展可能会造成的国别之间、区域之间、城乡之间、社会群体之间的新数字鸿沟，进一步拉大全社会贫富差距。

2. 在未来社会大数据智能化深度普及应用的大背景下，如何实现公民隐私保护、数据安全与社会效率提升之间的平衡发展。

3. 如何看待 5G 时代的各种创新应用，比如生物特征采集、泛在社会信用等可能会对公民和企业带来的种种法律法规和伦理挑战。

4. 如何应对未来大数据智能化广泛应用可能会导致的产业结构调整，以及全社会范围内结构性失业问题？如何实现新技术替代人力资源与中国未来人口老龄化趋势之间的有序衔接、平稳着陆。

5. 如何看待在 5G 时代，占据流量入口的大型 IT 企业掌握大量数据资源，从而导致全社会范围内政府数据资源与社会数据资源呈现"倒 28"结构的潜在风险。

6. 如何解决 5G 时代各种新业态、新模式、新产品、新产业大量涌现，导致政府行业监管域存在"真空"地带的问题。如何提高政府针对新业态新模式的监管能力和手段。

7．如何看待未来社会人工智能、虚拟现实、脑机接口、全息影像等新技术不断深入，对人们日常生活习惯、工作方式甚至思维模式产生的潜移默化的影响。

8．按照信息技术划代理论，在以5G为代表的第五代信息技术之后，第六代信息技术将"回归"信息内容技术，如何据此推动开展中远期基础研究规划，如何超前选点布局光计算、量子计算、DNA存储等未来种子技术的关键环节。

9．尽管5G技术将大幅降低单位通信能耗，但随着全社会范围内5G应用的广泛普及，面对数据量激增及其带来的电力能源消耗和碳排放量激增问题，应当如何提前布局加以应对。

10．如何应对未来科技生活可能会带来的一些新型疾病，比如社交规避问题、信息茧房问题、"丁克"人群比例增多等问题。

下篇

第五章

新阶段新范式：5G 驱动全球政府治理进入新时代

回顾历史，近百年来全球政府治理模式经历了从韦伯模式、新公共管理模式到整体性政府模式的转变，这种转变背后，既有当时当地政治环境和社会背景的影响因素，也与信息技术的发展和应用模式的创新有着千丝万缕的关联。每一代新信息技术的应用和普及，都会极大改变政府雇员、公共服务供给者和服务对象（社会公众）的行为模式，从而为政府管理模式的创新提供强大驱动力。展望未来，以 5G、大数据、人工智能等为代表的第五代信息技术正在飞速普及，数字化、网络化、智能化深入发展，在促进国家治理体系和治理能力现代化、推动全球治理变革等方面将发挥越来越重要的作用，并将推动全球政府治理进入智能体政府模式新时代。

第一节　信息技术发展与全球政府治理走过的三个时代

一　韦伯模式时代（20世纪初至70年代末）

"韦伯模式"即科层制，又称官僚制。科层制以等级制为基础，将权力依照不同的职能进行分层和分工，是一种以规则为管理主体的组织体系和管理模式。其组织模式对整个20世纪以来的人类社会生产力的发展和社会稳定都起到很重要的作用。科层制内部具有严密的等级层次结构，政府自上而下地统一划分管理层次和管理幅度，组织内部呈金字塔结构，按职能进行权力分层，职位分等，层层节制，具有较强的稳定性。科层制作为一种曾经社会组织普遍采用的、与工业社会相匹配的管理模式，以其形式合理性和制度合理性，在世界范围内取得了极大的成功。但韦伯模式也有其内在的巨大缺陷，包括效率低下、内部成员创造性受限、组织结构僵化等。

二　新公共管理模式时代（20世纪70年代末至2000年前后）

20世纪70年代末以来，部分西方资本主义国家开始实行政府管理体制改革，推行新公共管理模式。新公共管理引入绩效管理机制、市场机制和竞争机制，重视人力资源管理，实施明确的绩效目标控制，从而加强了公共部门内部的灵活性和效率。其管理机制所依靠的主要不是政府的权威，而是合作网络的权威，其权力向度是多元的、相互的，而不是单一的和自上而下的。在管理方式上，新公共管理强调采用分权和授权的方式进行管理，在权力的分配上要求政府共享部分权力，简化内部结构上的等级，调整政府、市场和社会三者之间的关系，利用市场机制为民众提供公共服务，进而提高公共机制的效率和质量。但新公共管理模式也存在其固有的缺陷，包括政府部门分治模式而导致的部门信息孤岛林立，以及公共服务与后台数据脱节等问题。

从韦伯模式走向新公共管理模式，背后有其特定的技术演进和管理创新逻辑。从20世纪70年代到21世纪初，以局域网、企业内联网、互联网等为代表的第三代信息技术，使个人信息处理能力得到极大提高。各组织开始将信息视为一种资源，层次型的组织结构被打破，组织开始变得更加网络化，信息技术逐步渗入公共组织之中，推动公共组织的调整和转型。信息技术和网络技术的广泛应用使信息传播的效率加快，信息可以即时地从上层传递到底层，通信时间和距离上的障碍大大减少，这为打破传统的层级制结构提供契机。在传统的科层制治理模式下，权力过分集中，信息传达速度较慢，进而导致公共组织内部缺乏灵活性，无法有效地对外界变化做出反应，导致公共决策目标的偏移和效率的低下。在一个以不确定性、复杂性、多样性和意外性为特征的信息社会中，传统的公共组织方式无法有效应对可能存在的变化，公共组织需要一种新的灵活的组织结构形式来应对外部的不确定性。信息化浪潮要求政府对原有的管理模式和结构体系做出相应变革，要求政府简政放权、减少组织层级、推动层级结构扁平化和网络化、提高自身灵活性，进而提高公共决策的效率和水平。

三 整体性政府时代（2000年至今）

2000年以来，一种新的公共管理模式——整体性政府模式开始被全球各国广泛关注。所谓整体性政府，是强调通过横向和纵向协调有效弥补新公共管理模式下不同部门、不同利益群体"分而治之"造成的条块分割、孤岛林立缺陷，推动同一个政策领域下跨部门、跨领域、跨层级管理和服务协同，为公民提供一体化、无缝隙的服务。总体来说，整体性政府改革是在批判与继承韦伯模式的传统官僚制组织与新公共管理模式"企业家政府"组织的基础上，结合当代政府管理面临的新问题而形成的全新政府治理理念。

从技术视角来看，整体性政府模式是治理理论与以大数据、云计算等为代表的第四代信息技术结合催生的新的公共管理范式。随着第四代信息技术浪潮的来临，对海量数据的积累、利用和管理的意识和能力，将成为政府管理能力的重要体现。对应于政府行政过程，则是在推动数据资源"大一统"的基础上，实现新公共管理模式下政府分治模式向跨部门无缝协作模式的转变，从而实现以数字统筹构建整体性政府的目标。一方面，整体性政府改革强调重新整合新公共管理模式中被分割的元素，以民众切实需要为本和数字化变革为肢体，纠正了新公共管理理论主张分权与效率的过度运用导致的政府治理碎片化、职责同构的管理乱象。另一方面，整体性政府治理的核心在于强调服务的重新整合，整体的、协同的决策方式以及电子行政运作广泛的数字化，通过在数据库和信息系统层面推动整合共享，打破公私部门之间以及私人部门之间纵向和横向的信息壁垒，促进治理主体之间信息和知识共享。

在整体性政府阶段，数据资源和数字化应用第一次站在了政府行政过程的中心位置，通过将数字化技术置于机构层级的核心，恢复了被新公共管理模式所阻隔的政府—公民数据流。整体性政府模式的基础有三，即对纸质和基于电话的信息系统的完全数据化，以用户为中心的服务一体化模式，以及对碎片化政府机构的重组与整合。在整体性政府模式下，政府将跨层级的数据管理从原先的私人部门管理转移到集中化的"智能中心"模式，与之相应的，则是大数据技术应用与政府公共决策智能化融为一体，并彻底改变了公共政策过程的组织结构，重塑公共政策主体的思维范式和行为方式。

第二节　中美两国的实践探索

从时间上看，政府管理模式从韦伯模式向新公共管理模式、整体性政府模式和智能体政府模式的转变，正好与信息技术从计算机（第二代）向互联网（第三代）、云计算大数据（第四代）、5G（第五代）的跃迁升级相对应，政府治理模式的转变基本上与信息技术的更新换代相同步，呈现出较为明显的"同频共振"特点。从中美两国的实践，同样可以看出不同时期信息技术与政府治理模式的融合和演化进程。

一　美国的实践

1. 韦伯模式时期的探索

在韦伯模式时代，各国实际上尚处于前信息化阶段，政府信息化均刚刚起步。美国出于远距离支撑保障一战、二战参战资源调配的需求，在全球范围内较早运用通信和编码技术开展政务信息管理，并形成了政务信息化体系的雏形。二战期间，美国政府因为保障美军全球作战的需求而制定了对各军种、企业、供应商等相关机构流转的军需品信息进行统一管理的《美国标准物资目录》，建立了统一编目系统。20世纪60年代初期起，美国开始在军队和政府各部门尝试引入计算机，对繁杂的数据进行处理。此外，美国政府制定的一系列政府法规，如《1949联邦财产和行政服务法》、《1950联邦记录法》、《1965布鲁克斯法》、《1974隐私法》，对推动政府文书电子化、提升办公效率等发挥了一定作用。但总体而言，韦伯模式下的美国政府办公效率仍处于较低水平。1977年，美国联邦文书工作委员会报告中指出，联邦政府文书年均花费达到1000亿美元，但是巨大的投资并没有带来所设想的效果，最终导致了1980年美国政府《文书削减法》的出台。

2. 新公共管理模式时期的探索

新公共管理模式发轫于20世纪70年代末，一直持续到21世纪初，恰好与20世纪70年代兴起的以互联网为代表的第三次信息技术浪潮处于同一历史时期。这一阶段全球各国政府数字化转型的重点主要聚焦在整合提升内部信息化应用水平，打造互联网环境下"永不歇业"的服务型政府两个方面。美国政府新公共管理模式下的数字化转型实践同样始于20世纪80年代初，大致可以分为三个阶段。

第一阶段是政府信息资源统筹管理。伴随着20世纪70年代以来持续低效率的管理状态和由此带来的各方指责，美国政府于1980年首次颁布《文书削减法》，此后分别于 1986 年和 1995 年进行了两次修订。根据该法的规定，由联邦管理与预算局下设信息和规划事务办公室，主要负责文书削减的具体工作。某种意义上，这一阶段可以看做是前一阶段韦伯模式时期信息化的一种"拨乱反正"。

第二阶段是推进业务流程信息化。1993 年，克林顿政府成立了"国家绩效评估委员会"（National Performance Review Committee，NPR），该委员会递交了《创建经济高效的政府》和《运用信息技术改造政府》两份报告，提出利用先进的信息网络技术克服美国政府在管理和提供服务方面所存在的弊端。

第三阶段是走向公民服务。1996 年之后，美国政府相继发动"重塑政府""走近美国"计划，开通"第一政府"网站（www.Firstgov.gov），旨在加速政府对公民需要的反馈，减少中间工作环节，让美国公众能更快捷、更方便地了解和使用政府公共服务。

3. 整体性政府时期的探索

伴随着以云计算、大数据和人工智能为核心的第四代信息技术革命的到来，21 世纪初全球各国政府在不同程度上开展了整体性政府数字治理模式探索。从 2001 年开始，美国数字政府建设开始更加强调内部整合和外部一体化服务体系的建设，建立一个以功能为主导、以政府服务对象为中心的网上政府，以达到为市民服务的目的。其大致可以划分为三个阶段。

第一阶段是电子政府建设阶段。2003 年美国政府颁布《2002 年电子政府法案》，增加设立电子政府基金，通过开展多种政务数字化应用的集成，有效打破部门界限，并建立新机构"电子政府办公室"

保证电子政府基金的运作。2006年，美国构建了全民性、集成性的电子福利支付系统，全国性、整合性的网络接入和信息内容服务系统稳定运行。

第二阶段是开放政府建设阶段。2008~2016年，美国数字政府治理的目标从"电子政府"向"开放政府"转变，以"共享第一"为根本理念，以"整合商业化IT服务"为切入点，实施共享服务（《联邦信息技术管理改革实施计划》（2010），《信息技术共享服务战略》（2012）），并建立完善相关法律体系，跨部门整合资源，供全政府范围共享共用。

第三阶段是政府数据资产化阶段。特朗普政府上台以来，美国政府数字化治理正在经历"由外而内"的转变，从过去高度强调开放型、服务型政府建设逐步转向以维护国家安全为导向的政府内部数据资产化和业务整合化建设。2019年6月，美国政府最新发布了《联邦数据战略第一年度行动计划》，指出联邦机构应当利用计划、统计和任务支持数据作为战略资产来发展经济、提高联邦政府的效率、促进监督和提高透明度。通过把数据作为战略资源来利用，创建涵盖整个政府的数据服务共享平台，协调各法定办公室进行信息政策制定并采取行动，从而达到真正建成整体性政府的目的。

二 中国的实践

与美国相比，我国政府信息化建设起步较晚。1973年，国家计委向国务院报送了筹建电子计算中心的报告，开始尝试推进在政府管理部门应用电子计算机；此后直到1987年国家信息中心和国家经济信息系统正式组建,我国政府部门计算机普及化才开始进入快车道。为了实现对西方国家政务信息化的追赶和超越,我国过去三十年的政府数字化转型实际上采取了一种多轨并存的后发追赶模式。

1. 20世纪90年代,以"补课"韦伯模式为主

1987年国家信息中心和国家经济信息系统组建后,首先开展的工作就是利用日元贷款项目等全力推进国家部委层面计算机化建设,并大力推进办公自动化实施。到20世纪90年代末,全国基本建成了以国务院办公厅为枢纽,连接各省、自治区、直辖市政府和国务院各部委、各直属机构的全国政府系统办公自动化网络;各级党委、人大等系统也建起了相当规模和水平的办公自动化系统。

2. 2000年前后至今,启动了同时兼具新公共管理和整体性政府两种特点的中国特色电子政务建设

新世纪之交,我国政府数字化转型也迎来了新一轮大发展机遇期。2001年8月,中央决定组建"国家信息化领导小组"。2002年,中央办公厅和国务院办公厅联合转发了《国家信息化领导小组关于我国电子政务建设指导意见》(中办发〔2002〕17号),决定把电子政务建设作为信息化工作的重点,通过"政府先行"带动国民经济和社会发展信息化,掀开了我国全面、快速发展电子政务的帷幕。发展至今,大致走过了两个历史阶段。

第一个历史阶段,是十九大之前的高速增长阶段。

这一阶段的主要任务,是通过外延式扩展,快速确立电子政务总体格局,其建设模式,大致对应于西方国家所谓的新公共管理模式。但需要强调的是,我国发展电子政务,从一开始就高度强调整合集

约，并以建设一体化服务体系为最终导向。如17号文就提出，为适应业务发展和安全保密的要求，有效遏制重复建设，要加快建设和整合统一的网络平台，统一标准，利用统一网络平台，促进各个业务系统的互联互通、资源共享。

总体而言，这一阶段的建设主线可以分为内外两方面。

在内部，通过"十二金"工程等一批重大行业信息化系统建设，逐步明晰行业分治模式。自2002年以来，中央先后投资建设了"金财""金审""金盾""金保""金质""金土""金农"等40多个重点领域业务应用系统。与20世纪90年代以"三金"工程为代表的局部性政府信息化建设相比，进入21世纪以来我国电子政务建设步伐明显加快。各级政务部门核心业务信息化覆盖率大幅提高，政府行政越来越离不开信息技术手段的支撑。截至2010年底，中央各部委办公业务信息化覆盖率从2001年的不到10%提高到100%，海关、税务、公安、国土、金融监管、社会保障等有"金"字工程支撑的重点领域核心业务信息化覆盖率近90%。

在外部，通过大力推进"政府上网工程"初步形成服务型政府格局。1999年1月，我国40多家部委（办、局）的信息主管部门共同倡议发起了"政府上网工程"，在全国引发了一场规模较大的政府在线公共服务普及活动。到2010年底，以中央政府门户网站开通为标志，我国已实现100%的省级政府和国务院组成部门、98.5%的地市级政府，以及超过85%的县区级政府建立了政府门户网站，政府网站体系已经形成。政府门户网站作为电子政务的重要组成部分，开始承担起整个"虚拟政府"大门和政府在信息时代管理和服务核心窗口的重要功能。

第二个历史阶段，是十九大以后进入的高质量发展阶段。

这一阶段的主要任务，是通过强调内涵式发展路径，不断强化资源共享和业务协同，形成全国一体化发展格局，其建设模式大致对应于整体性政府模式。2017年12月8日，习近平总书记在中共中央政治局第二次集体学习时明确指出："要以推行电子政务、建设智慧城市等为抓手，以数据集中和共享为途径，推动技术融合、业务融合、数据融合，打通信息壁垒，形成覆盖全国、统筹利用、统一接入的数据共享大平台，构建全国信息资源共享体系，实现跨层级、跨地域、跨系统、跨部门、跨业务的协同管理和服务。"标志着我国数字化政府建设正式进入以实现"三融五跨"、促进协同治理为特征的整合推进阶段。

这一阶段的主线也可以划分为内外两方面。

首先，在内部，以政务信息系统整合共享工程为抓手全面推进网络通、数据通、业务通。2017年5月3日，按照党中央、国务院决策部署，国务院办公厅印发《政务信息系统整合共享实施方案》（以下简称《实施方案》），要求年底前实现国务院各部门整合后的政务信息系统统一接入国家数据共享交换平台，各地区结合实际统筹推进本地区政务信息系统整合共享工作，初步实现国务院部门和地方政府信息系统互联互通。截至2018年底，国家数据共享交换平台已经全部覆盖涉及整合共享任务的71个部门；地方数据共享交换平台建设也取得显著进展，已经建设27个省级数据共享交换平台、304个地市数据共享交换平台。目前，已经汇聚发布中央部门共享目录15593条、地方共享目录 55.7 万条。近 60% 的中央部门目录挂接了数据资源。围绕支撑推进"互联网＋政务服务"工作，接入各级政务大厅 2585 个，覆盖率超过 90%。

其次，在外部，在推动政府网站集约化建设的基础上，全面推进全国一体化在线政务服务平台建设。考虑到政府网站数量庞杂、服务不打通、部分基层网站建设运维力量弱小、长期不更新的"僵尸"网站占比较高等问题，自 2014 年起，国务院办公厅政府信息与政务公开办公室开始推动全国政府网站清理整合工作，将全国政府网站从 8 万多个集约整合到 2.9 万个。2018 年 7 月，国务院印发《关于加快推进全国一体化在线政务服务平台建设的指导意见》（以下简称《指导意见》），就深入推进"互联网＋政务服务"、加快建设全国一体化在线政务服务平台、全面推进政务服务"一网通办"作出部署。

回顾过去三十年发展历程可以看到，我国政府数字化转型正在经历从韦伯模式时代的完全缺位，到新公共管理时代的艰难跟跑，再到整体性政府时代的基本并跑甚至局部略有领先的快速赶超过程。

第三节　面向未来：迎接 5G 驱动的未来政府新形态

一　政府治理模式升级版：智能体政府

展望未来，随着 5G、大数据、人工智能等新一代通信技术的诞生和快速发展，第五代信息技术的代表，将是"物联网—数联网—智联网"三网互联的未来网络。在三网互联的大背景下，物理域、数字域和认知域的界限将被打破，三个领域将实现互联互通，"万物感知""万物互联""万物智能"的时代即将到来。在新时期，政府治理模式将随着信息技术的变革进一步出现巨大变化：第一，随着泛在智能的逐步实现，政府行政管理的触角将从目前的政府内部为主而逐渐延伸到全社会每一个角落，真正实现对经济社会运行方方面面第一手情况的实时掌握，从而促成政府管理过程的根本性变革。第二，在未来政府形态下，政府与企业、社会机构、公民之间的界限将日益模糊，协同治理将成为政府过程的核心命题。第三，政府行政资源配置将从现在以集聚在政府内部为主，转向以分布式、去中心化形态存在于全社会各个领域，形成以公民的公共服务需求和应对外部突发事件为导向、动态调配组织行政资源的全新模式。

伴随 5G 对经济社会运行带来的巨大变革，未来政府形态将超越政府自身，而成为一个多主体协作、人机互动、线上线下互动的多模态智能体。智能体模式以 5A（Adaptive：适配型、Agility：敏捷型、All-intelligent：全智型、Affordable：普惠型、Anatman：无我型）为整体架构，以智能决策为基础，推动政府治理迈入政产学研多方协同共治新时代。5G 时代下未来政府形态将在机构设置、决策机制、政策过程和行政职能等方面发生重大转变。在机构设置层面，政府结构将朝着多元化、协同化方向发展。多部门、多机构协同治理将在未来成为常态。

在决策机制方面，随着 5G 通信技术、大数据和人工智能的不断交互融合，政府决策模式将向数字化和智能化方向转型，基于 5G×大数据 × AI 的智能化决策和智能化管理将成为未来政府治埋的普遍机制，政府将更加注重社会治理的个性化和精准化。

在政策过程方面，5G通信技术带来的实时传输将全面推动未来政策制定过程的云端化和移动化，云端政务和移动办公将在未来占据主导。

在公共服务方面，5G的高速率和低时延将推动政府公共服务向虚拟化和泛在化方向演变，全量信息的采集将推动感知泛在、连接泛在和智能泛在的到来，政府提供的公共服务将逐步实现虚拟化。

二 抓住5G时代换道超车的历史机遇

在5G时代，我国政府数字化转型有望进入全面引领全球政府数字化治理创新的全新阶段。一是我国在第五代信息技术历史阶段的全球领先态势业已形成。当前我国正处于5G大规模商用的前夜，已成为全球5G产业发展的"领头羊"。二是5G时代我国在全球范围内的数据红利优势将愈加凸显。我国幅员辽阔、人口众多、经济体量庞大，经济社会运行各方面产生的数据规模巨大。目前我国4G用户全球占比超过40%，光纤宽带用户全球占比超过60%，蜂窝物联网M2M连接数全球占比近45%；在5G时代，数据规模的迭代效应将更加凸显。三是我国各级政府和民众对新技术接受度全球领先。得益于4G时代移动支付、共享经济、手机视频等移动互联网应用广泛普及的示范效应，我国各级政府和民众对于人工智能、大数据等新技术的接受和适应程度很高，将为未来5G时代全新政府形态的推广普及创造巨大便利条件，真正发挥政府先行、联动各方的引领示范作用。

本报告下篇的后续部分，将遵循上述视角，在对 5G 时代政府治理创新面临的全新机遇和挑战进行分析的基础上，进一步探讨新时代智能体政府模式的全新内涵，并提出与之相对应的新型政府数字化治理支撑平台架构。

第六章

新技术新场景：5G时代政府治理创新的机遇和挑战

第一节 机遇

一 5G技术对政府治理创新的巨大推动作用

技术变化是政府治理创新和变革的深刻动因，以5G等为代表的新一代通信技术革命正在助力政府治理创新插上腾飞的翅膀，深刻影响着政府治理的各领域、各环节，探索建立适配、敏捷、全智、普惠的未来政府形态，既是公众对政府的深切期待，更是政府不容推卸的历史使命。立足国际电信联盟（ITU）定义的5G三大应用场景（eMBB、uRLLC和mMTC），5G技术将会对政府治理创新发挥巨大推动作用。

从 eMBB（增强移动宽带）视角看，5G 技术会为政府治理带来低时延、大连接、大带宽的超凡体验，会催生一大批政府治理创新应用，包括政务领域超高清视频远程呈现、沉浸式政务服务全息影像交互、"随时随地见面"式政务服务、政务云化 VR/AR 办事大厅等。

从 uRLLC（超低时延高可靠通信）视角看，传统的滞后式行政人海战术、被动式执法策略、救火式应急管理已不适应时代要求，伴随 5G 技术的高可靠、低时延、极高可用性等独有特点，会推动虚拟企业／个人政务助理、实体政务大厅机器人、网联无人执法监察机、远程应急管理控制设备、无人自动驾驶警车等逐步落地。

从 mMTC（海量机器通信）视角看，5G 将会不断突破万物互联的技术性壁垒，使政府能够全面感知散落在社会各处的碎片化微观数据，打破单一数据来源不足导致日趋复杂的政府治理问题。典型应用场景包括以"智慧城市＋智慧乡村"为主线的智慧社会应用、全社会经济运行散落数据感知平台、微观数据宏观化决策系统、完全透明式社会信用监管平台等。

二 5G 与大数据、AI 结合驱动政府治理创新

如上篇所述，5G 与大数据和 AI 相辅相成。5G 网络实现万物互联，分布式部署巨量计算，使大数据的来源渠道更加丰富、资源体量更加庞大，推动了新一轮的数据革命发展。而大数据作为人工智能的原料，其数量和质量的提升又会促进人工智能的发展。在 5G 时代，凭借万物互联的基础设施、高效的传输速率、安全可信的架构，再加上大数据与人工智能技术的加持，智慧政务将实现新的突破，政府治

理创新将迎来新的局面。

在内部协同方面，目前全球各国均高度重视政府数据资源整合共享，公共部门作为国家重要的数据来源，不但体量巨大，而且数据具有权威性和可靠性，更具开发价值，但现阶段受制于数据安全要求，未能与散布于全社会各个角落的数据资源实现有效联通，无法与外部数据进行关联或使用人工智能方法进行训练和学习，数据应用场景单一，跨部门协同能力有待提升。随着5G时代的到来，将建立起从过程可信到结果可信的安全生态，在安全管理的基础上实现外部大数据资源、人工智能算法与政务数据的碰撞，能够充分激发产生政务数据应用场景，提升政府智能决策水平，同时为更大范围、更深层次跨部门协调应用的产生提供了坚实的基础设施保障。

在公共服务方面，随着"放管服"改革的持续发力，"让信息多跑路，让群众少跑腿"这一口号逐渐落到实处，"最多跑一次""一网通办""一门式服务"等应用层出不穷。随着5G时代大数据智能化技术的广泛应用，未来政府公共服务将为公众提供更丰富贴心的服务选择，带来更便捷舒适的服务体验。一方面，基于低时延的传输通道和成熟的大数据用户画像算法，能够进一步提升服务质量和效率，为群众提供主动、精准的公共服务；另一方面，基于高带宽的传输速率和AR/VR技术，能够进一步创新服务方式，为群众提供沉浸式的政务办理环境。

在社会治理方面，随着大数据、人工智能的综合应用，可以帮助政府更好地掌握公民的需求状况，提高社会治理的智能化水平。例如，在城市管理中，引入智慧管理、精细管理的理念，建立起智慧社区、智慧电网、智慧交通，能够有效提高公共管理的安全水平和效率，降低管理成本和失误率。利用大数据扁平化、交互式、快捷性的特点和优势，通过人工智能进行精准分析，有助于更精确地定位社会治理的范围和目标，合理分配公共资源。

在行业监管方面，目前各国政府纷纷创新监管方式方法，加强监管数据共享和业务协同，逐步建立起"事前-事中-事后"全流程监管体系，但仍然具有较大的提升空间。目前，事前监管在问题预警和风险防范方面的应用还不够理想；事中监管在舆情方面的态势跟踪和应急响应卓有成效，但仍缺乏可供政府决策的多维度数据资源；事后监管多为实施效率评估和经济社会效益评估，监管渠道和手段较为单一。在万物互联的 5G 时代，交通出行、餐饮就医、购物服务等多源数据将通过终端传感器实现低时延传输汇聚，能够为政府应用大数据实现精准的事中干预和全面的事后评估提供基础设施保障；随着行业监管相关数据的持续积累，能够进一步通过机器学习和人工智能方法开展负面问题的预测预警应用，实现社会治理防患于未然，最终形成基于 5G × 大数据 × 人工智能的超前预警、及时发现、精准应对、全程跟踪的行业监管体系。

第二节　挑战

一　新技术范式与传统治理思维的脱节

如果说，从 21 世纪初以来的互联网革命从公民广泛参与社会治理的角度，对我国各级政府的数字化治理理念提升起到了第一波"倒逼"作用,那么未来5G、大数据、人工智能等新技术与社会治理活动的结合日趋密切,必将对各级政府治理模式和治理理念带来更加广泛、更加深刻的变革与提升。基于新兴信息技术的社会治理方式,新的技术范式与传统治理思维僵化之间的矛盾成为政府治理面临的巨大挑战。

首先,各级政府部门要真正具备运用新技术开展科学决策的意识和能力。正如习总书记所指出的,善于获取数据、分析数据、运用数据,是领导干部做好工作的基本功。各级领导干部要加强学习,懂得大数据,用好大数据,增强利用数据推进各项工作的本领,不断提高对大数据发展规律的把握能力,使大数据在各项工作中发挥更大作用。

其次,用数据说话、用数据决策不是一句简单的口号,也不是一个单纯的技术工具,而是对政府决策和执行过程的根本性变革,它会使传统政府决策模式下的各种信息不透明造成的权利寻租、利益输送等"灰色地带"无所遁形,必将对现有的利益格局和业务流程造成巨大冲击。

最后,数字化公平、隐私保护、数据确权和数据流通安全等问题,都迫切要求政府打破传统管制思维,不仅要加强与新技术、新业态、新模式相适应的公共产品供给,还要按照开放、包容的原则与新技术、新服务的供给方形成协同治理生态。

二 数据向非政府部门集聚对政府治理的挑战

在信息技术迅猛发展的背景下,各级政府面临的一个重要治理挑战是数据向企业、科学机构、社会组织等非政府部门大规模集聚的问题。当前，随着互联网、物联网的飞速发展，全社会范围内数据资源呈现爆炸性增长态势。所谓全社会信息资源80%掌握在政府手中的传统观点，正在受到越来越多的挑战。德勤《政府2020》报告预测，到2020年平均每人每年生产的数据量将达5200GB。传统上，政府部门拥有大多数数据。然而，随着社交媒体、P2P平台和电子货币的兴起，越来越多的数据将掌握在企业手中，比如Facebook每天可从用户处收集500TB数据。非政府部门的数据聚集对政府有效监管提出的全新挑战——数据为王时代，没有数据就没有话语权和决策权，有效监管也就无从谈起。

由布鲁金斯学会联合亚利桑那州立大学城市创新中心（CUI）和决策剧场网络（DTN）联合撰写的报告《2035年的地方政府：新技术的战略趋势与启示》指出，现在大部分地方政府的注意力还停留在数据开放和透明上，没有意识到失去数据拥有权将很快成为其面临的重要挑战之一。因为大部分数据由私营部门产生，使本该属于政府的数据因政府大量的技术外包而流向第三方。然而进行社会治理往往需要这些被第三方掌握的数据，未来，政府或许将不得不向私营部门常态化采购数据。

但政府购买私营部门所归集的数据同样会带来一些问题。举例来说，如果政府的社会治理决策基于从私营部门购买来的公民数据，就会产生治理有失偏颇的问题。这就像Facebook最近与《纽约时报》、NBC等新闻机构的合作一样，新闻由Facebook分发给用户。如果用户得到的新闻信息都由Facebook来分发，那么Facebook就可以决定哪些公众可以得到什么样的新闻，新闻机构的社会公器角色何在？同样，如果地方政府依靠第三方提供的数据进行社会治理，那么第三方机构就拥有对社会治理的极大影响力。

三 万物互联和群体性智能呼唤全新监管范式

数字化转型过程中涌现出很多新技术、新模式、新业态。"新"就意味着旧的利益格局被打破，创新处于摸索阶段，行业发展不成熟，政府的政策准备不充分，法律滞后。现有的法律政策体系仍是面向工业时代制定的，适用于数字时代的相关政策和法律还没有及时跟上。以网约车为例，由于分享经济模式与传统工业经济模式迥异，其本质是对人和物（车）之间互联关系的颠覆，因而对现有监管提出了多重调整。首先，网约车已经对传统出租车行业造成极大冲击，这从国内外实践中均可以看到，优步、滴滴打车都曾引发程度不同的出租车司机罢工现象；其次，在网约车出现安全事故（如前段时间的滴滴顺风车司机杀人案）后，如何界定平台、司机、乘客的责权利，是一个全新命题；最后，从更加极端的情况看，不排除将来有不法组织试图通过各种手段控制网约车平台并从事恐怖袭击活动，特别是未来无人驾驶汽车的出现，被控制的无人驾驶汽车不啻于是一枚移动的"定时炸弹"，将对城市安全造成致命影响。

未来，政府如何适应物联、数联、智联的新型网络发展，如何在保证政府治理效率的同时提高政府的透明度、灵活性，如何保证适应新技术发展规律的社会公共产品供给，如何打造灵活治理、协作治理、创新治理的全新监管模式，成为新技术革命下政府治理需要解决的重要问题。

四 5G 时代政府治理面临全新安全态势

5G 时代人工智能、大数据和云计算等信息技术的进一步交叉融合,将使网络和数据安全问题成为关系国家政治、经济、社会、文化、军事、外交等各方面安全的关键共性问题。2017 年底美国政府发布的《国家安全战略报告》指出,美国将把工作重心由仅保护网络安全扩大到同时保护网络及其数据安全。

当今的政府治理,需要从法律层面和制度层面重新审视 5G 时代的网络和数据安全问题。在立法层面,需要对数据安全的法律保障重新定义,回归到最初的问题实质,切实对数据进行保护。现行法律实质上要保护的是计算机信息系统里面的功能和数据,而不是计算机信息系统这样一个空泛的概念。在功能和数据这两者中,更重要的是数据,数据的价值远比计算机信息系统的硬件价值或功能价值要大得多,硬件损坏或功能损坏经过维修重建就可以恢复,而数据被毁坏或被窃取所造成的后果要严重得多。在制度层面,一方面需要构建政企联动型安全体系,政府牵头推动各行业安全标准规范建设,并针对不同重点行业制定针对性的规章细则;行业龙头企业则需要充分借助新兴技术优势应对网络安全威胁,在网络与数据安全建设方面积极发挥示范效应;另一方面需要联合全球各国政府共建 5G 安全保障机制,加大网络安全领域研究力度,推动制定统一的网络安全标准和认证规范,打造全球互信的安全评测体系,携手构建网络空间命运共同体。

第七章

新思维新愿景：5G时代智能体政府的特征与形态

第一节 5A架构：未来政府智能体的基本特征

综观全球各国探索政府治理数字化转型的成功经验，结合对未来新技术发展趋势的判断，本报告认为，5G时代下未来政府治理模式创新应当符合"5A"架构。"5A"代表政府未来治理形态的五大特征，即Adaptive：适配型、Agility：敏捷型、All-intelligent：全智型、Affordable：普惠型和Anatman：无我型。

一 Adaptive：适配型

适配型政府的本质是以政府为联结点，通过政产学研协同管理、协同创新和协同应用机制，使政府成为社会各界共同参与治理的赋能者，推动形成多元协同实时共治新模式，以新模式构建社会治理新格局。当前，政府数据开放运动已经成为创新社会治理方式、实现社会治理现代化的一项有效尝试。在适配型政府建设过程中，应当进一步坚持开放式思维，大力推进简政放权、放管结合、优化服务，通过构建以数据为纽带、政产学研各方广泛参与的社会多元协同实时共治体制，有效发挥社会治理各主体之所长，突出社会组织服务职能，对政府公共服务进行"拾遗补缺"，落实群众知情权，加强群众参与度，充分发挥群众参与社会治理的基础作用。

二 Agility：敏捷型

敏捷型政府的构建要求引入互联网思维，采用迭代式敏捷开发的工程实施方式，持续改进优化数字政府治理体系。近年来，我国通过积极探索引入互联网式工程开发思维，通过改进创新政府投资电子政务项目管理方式，引入迭代式敏捷开发的电子政务工程建设模式，不断提高数字化政府项目服务效能。通过广泛引入公众参与，打造体系化、矩阵化、同频共振的敏捷型政府，加快构建数字化、网络化、智能化的政府经济社会治理网络大平台。以数字广东为例，近年来广东通过统一规划建设全省政务云平台，成立数字广东网络建设有限公司，整合各部门信息管理职能等方式，依托网络大平台，提高数据汇聚、在线监测、事中监管、协同联动等方面能力，优化和再造政府监管和服务流程，促进政府数据实时无缝流动，提高政府处理政务的效率。

三 All-intelligent：全智型

全智型政府的本质即政府智能化决策、智能化监管、智能化治理和智能化服务的无处不在、无所不能。5G×大数据×AI的深度交融，使万物互联化、数据泛在化的大趋势日益明显。5G的商用普及，将进一步推动这一趋势发展，推动人类社会进入万物互联的智能时代。未来政府治理将以"泛在化"为主要特征，以"智能化"为主要抓手，依托5G、AI与大数据，实现公共服务的泛在化、智能治理的泛在化和政府监管的泛在化。全智型政府的建设要求构建科学化智能化公共管理体系，实现不论在任何地点、任何时间、针对任何人，都能提供高度智能化的、无差别的、精准的管理和服务。

四 Affordable：普惠型

普惠型政府是指在大数据智能化普及的过程，使社会中的数字弱势群体能够用得上、用得起、用得好数字资源。要实现这一目标，应首先，在政策制定的过程，着重打造覆盖全国的5G政策配套，实现政策覆盖的均衡化和无差异化，在实施高效公共服务、科学政府决策以及精准社会治理的同时，始终坚持数字资源普惠化和公平化，持续消除数字鸿沟。其次，政府应当为弱势群体提供廉价甚至免费的智能化公共服务，兼顾偏远地区利益，真正实现对各种弱势群体的"兜底"服务和保障。举例来说，通过应用大数据技术，政府可以精准识别贫困人口和返贫人口，为弱势群体提供更多机会，保障贫困群体的利益，进而为实现两个一百年目标奠定基础。此外，政府应精准识别需要政府提供救助的目标人群，识别目标人群的具体需求，建立反馈机制。在充分发挥新技术手段提升政府精准化治理水平的同时，也应当广泛关注消除新技术所带来的新型数字化鸿沟等潜在风险。我国各区域经济发展水平差距较大，区域发展、城乡发展、社会群体发展不平衡的问题十分突出。应当把消除"数字鸿沟"作为我国下一步数字化政府建设的重要原则，在注重市场效率的同时，始终坚持数字化公平，构建公平型政府，进而为全球各国树立普惠型智能体政府的典范。

五 Anatman：无我型

2019年3月22日，习近平总书记在罗马回答意大利众议长菲科提出的问题时说道："这么大一个国家，责任非常重、工作非常艰巨。我将无我，不负人民。我愿意做到一个'无我'的状态，为中国的发展奉献自己。""无我"即以人民为中心，以全心全意为人民服务为根本宗旨，以实际行动为人民谋福祉。未来政府形态将朝着"无我型"方向发展，在政策理念的实施和执行阶段，政府将运用大数据智能化手段更全面地倾听企业和人民的需求，从物质需求和精神需求两方面着手，提供从"摇篮到坟墓"全方位全过程的智能化公共服务，进而实现多方协同、多方共治的治理新模式。"无我型"政府以服务人民为中心，以人民群众提出的需求为主导，依托5G、AI和大数据等技术手段，精准识别群众各项基本诉求，针对人民群众的个性化需求，动态组织和调配政府行政资源，通过智能治理模式提供定制化、个性化和普惠化的公共服务。

第二节 5G时代未来政府智能体的基本形态

一 政府决策智能化

基于5G×大数据×AI的"智能决策"将是未来政府决策进化的方向。数字化、智能化下的政府决策可以打破空间隔阂和时间限制的物理变化，通过数据的汇聚，实现信息共享、自动推送、提前预测、智能管理，将过去局部的、滞后的政策过程转变为整体的、及时的新型政策过程。通过数据汇聚及时地捕捉社会、经济的变化情况，制定政策并预判政策结果，在政策落实过程中动态评估政策效果，不断进行调整。

未来场景一：国家经济大脑洞察未来

"国家经济大脑"将以新技术应用为特色，以构建宏微观一体化的经济运行体系为导向，以宏观态势研判、事中事后监管和重大风险防范为核心，支撑国家宏观经济决策。

预测整体经济环境趋势。在融合5G、大数据和AI技术大背景下，物联网渗透各行各业实现万物互联。5G提供每平方公里百万级的联接，使得建立城市级智联网，实时对经济社会运行各项细粒度微观数据、重要的城市部件和运行要素的持续动态的更新、测量、分析和优化成为可能。国家经济大脑将汇集和产业经济发展以及企业发展相关的数据，从各种实时、交互、离散化、非结构化的海量数据中，发现经济社会运行的各种先行指标信号。例如，聚合全国各行业招聘人数等相关数据，建立就业热度指数，指数越高，就业形势越好，人才需求越旺盛；汇聚工业企业润滑油采购量数据，建立润滑油指数，预测工业企业运行状态。

微观线索挖掘。协同分析经济社会运行各项细粒度微观数据，挖掘潜在社会问题，推动政府有效解决。当云端人工智能进行数据分析，发现某年某市种植小麦的农户比往年多了一倍，结合运用神经网络对天气、收购商需求的预测，分析得出"今年某市将面临谷物过剩的问题"，云端人工智能将发现的问题线索立刻推送给相关部门，以尽早预案，从而为宏观决策提供有力参考。

国家经济大脑将在人工智能的赋能下，成为国家经济的透视镜和政企协同发展的桥梁，协助政府推动改革创新，帮助国家和城市巩固产业发展根基，释放经济发展潜能。

未来场景二：政策推演

政府制定公共政策涉及面广，敏感性强，各经济组成部分关系错综复杂，不仅需要定性的分析，还需要定量的研究。

基于长时间收集的海量的重要的城市部件和运行要素的持续动态更新数据，建立基于5G的全社会经济运行模拟系统，通过定性、定量地调节系统参数来实现政策影响范围、影响程度的调节，同时监测宏观经济指标的变化情况，以评估政策效果。在政策深度全面铺开前，进行小范围地区政策预演试点，利用5G超大联接的优点，收集政策执行后经济社会运行各项细粒度微观数据，进行实时监测、量化分析、动态预测、效果评估，获取产业经济运行的相关信息反馈，客观估计当前产业经济运行形势。根据监测到的数据，通过预测判断未来产业的发展趋势，根据预测的趋势调整政策。

未来场景三：重大风险预测预警

　　超大联接、超低时延的5G网络结合AI应用提供了领域内多智能体协同能力，比如毫秒级响应、态势感知、风险预判、提前决策等，让重大风险预测预警真正成为可能。

　　疫情预测统计。人体传感器能够实时地收集个人健康状况数据，利用5G技术超大联接的特性，实时将海量数据传达到云平台，随后人工智能实时统计地区性群体健康状态，从而实现准确及时的预测疫情发生和流行动态，提前发现爆发趋势，为相关部门及早采取防疫措施、合理分配有限的医疗资源提供重要依据。

　　人群聚集点风险预测预警。地方政府根据大数据提供的实时动态监测、人流趋势分析、人群画像分析等信息，对诸如举办大型群体性活动、节假日旅游景区等进行人流的智能把控，一旦数据分析提示出现异常人群密集情况或超过场所的最高承受量，管理机构就能提前采取应急措施，预防复杂问题的出现。

互联网金融风险预警。结合内外部数据，从客户信息、账户信息、交易信息中挖掘、分析风险特征，动态制定和部署风险监测预警模型规则，从信用风险、交易风险、运营风险等业务条线进行风险监测、防范和控制。

二　公共服务虚拟化

5G网络创造了与虚拟化网络功能相结合的强大需求。一方面虚拟化在节省运营商成本、处理网络灵活需求以及增加运营商选择等方面好处明显；另一方面，基于"互联网+"战略，在农业、制造业、流通、交通、生活服务、公共服务、教育、金融、医疗和能源等行业建构基于5G技术的基础信息服务平台，用5G、大数据、AI等新技术颠覆传统产业，重构业态，加速智慧社会的到来。

未来场景四：VR交互办事大厅

政府办事大厅利用VR技术将教育、科技、文化、医疗、体育等公共服务的内容以3D互交视频的形式和360度全景模式呈现在用户眼前，有了5G技术的加持，民众只需借助简便的VR、AR眼镜，就可以体验全新的虚拟现实办事体验模式，依据语音提示一步步完成材料扫描上传，同时对上传的文档经过图像处置技术进行剖析，甄别是否真实、有效。

未来场景五：24小时虚拟服务助手

面对公共事件，AI虚拟客服助手可以实现24小时线上回复、线下办理、信息反馈、政务公开，提高办事效率，预防公共服务中可能出现的风险，解决群众的操心事、烦心事，以为民谋利、为民尽责。例如，未落实的扶贫款项，某个诈骗犯罪团伙，某位徇私舞弊的官员，群众都可以提供相关资料信息，AI虚拟客服助手会回复原因及相关处理办法，同时尽快跟进和反馈线下处理结果。

未来场景六：立体化身份证时代到来

基于5G×大数据×AI的技术支持，立体化身份证应用将会得到推广，用加密的数字ID给所有公民身份证，通过多组数字密码或生物识别来对不同场景下的使用进行登记，在保障信用安全的条件下，使每个公民能够高效享受各种数字世界的服务，并和其他数字公民进行交流。

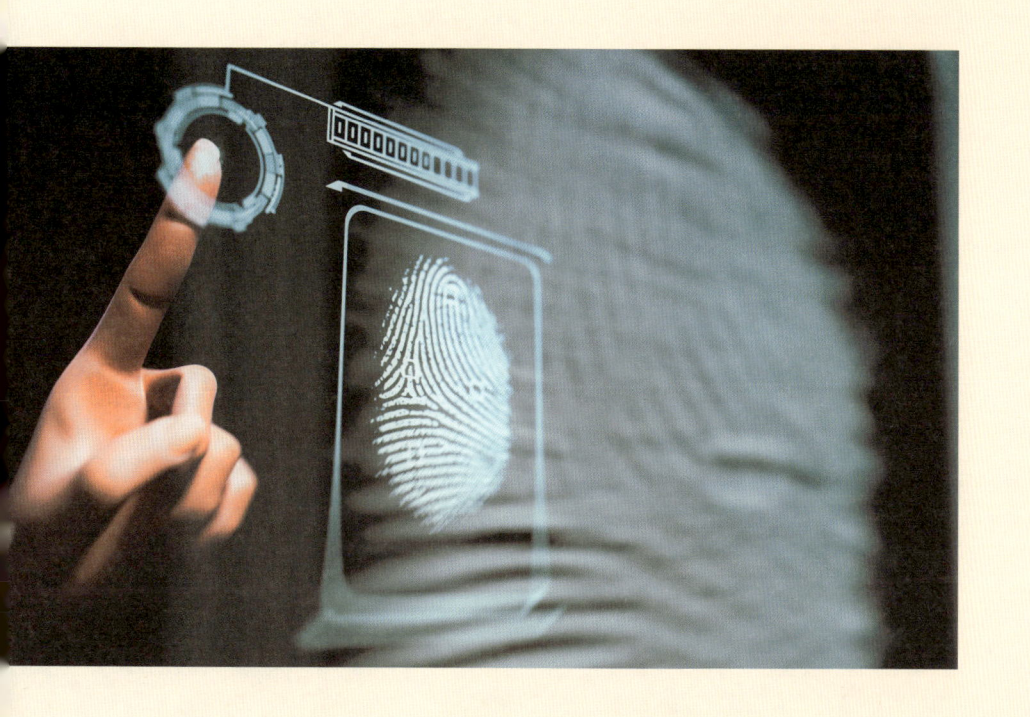

三 行业监管精准化

结合 5G 超高速率、超低时延特性实现的分布式智能使政府监管精准化、智能化水平大幅提高。通过对海量数据的快速收集与挖掘、及时研判与共享，大数据将成为支持政府精准监管的有力手段，促进政府监管效率与效能的提升。

未来场景七：智能环保监管

万物互联使建设生态环境全要素监测成为可能。通过科学部署智能感知终端及网络，建立各项生态环境要素的监测网络，实现感知信息数据的实时传输。以污染源全生命周期的监督管理为主线，对政府责任部门、排污单位、治污企业等监管对象，进行精准化监督管理与考核评价，建立网格化环境监管体系。融合生态环境监测数据资源和其他专业数据资源，为政府部门提供准确、及时的数据信息，辅助科学、高效决策。

未来场景八：精准化开展政府投资项目管理

传统方法可以采用卫星遥感数据、电量变化、厂区周围空气质量指数、招投标、手机数量、厂区温差、网上招聘等数据去标定判断一个企业运行状况。但在未来无人机基于5G大带宽和低时延特性可以实现实时控制及信息实时传输。未来配有高清运动摄像头的无人机不仅发挥促进我国农业现代化进程、城市全方位监管的社会功能，借助传感技术、云传输内容和工业互联网技术的普及，还会在工业区对厂房周边的情况全方位监管，实时监控和传输，从而在国民经济安全有效运行中将会扮演重要角色。

四 社会治理人性化

科学采集信息，高效整合政府和社会数据，建设人性化的社会治理服务平台，对社会治安隐患、流动人员管理等一系列在城市化进程中产生的大数据进行挖掘和利用，改善决策，解决社会问题，提升社会管理能力。

未来场景九：全场景智能化监控

在5G和AI的助力下，通过24小时采集、5G实时传输的社交数据、时空数据、视频数据等，利用云平台人工智能深度挖掘重点人员的关系网络、异常行为和日常活动等，对其活动数据进行分析、研判和预警，实现重点人员的监控和追踪，一旦发现异常，能够及时有效地预警，社会治安将得到极大提升，社会安全将得到有效保障，从而为维稳工作提供辅助决策和数据支撑服务。

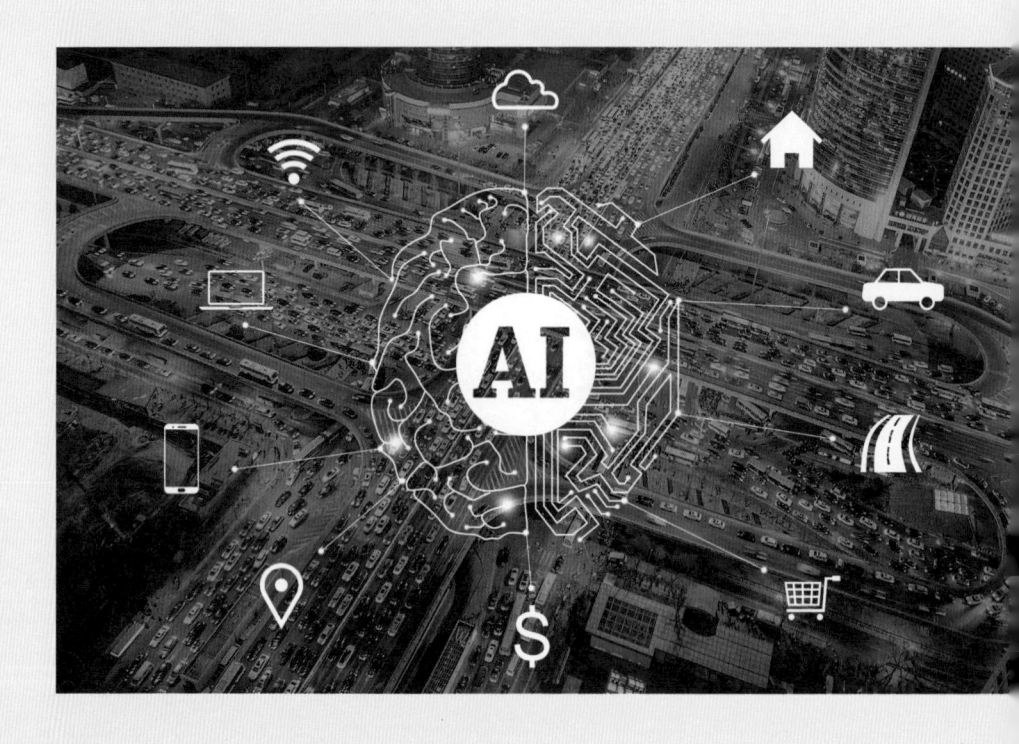

未来场景十：
高密集人群安全保障精准应对、超前预警

随着技术的发展，智能终端的普及为人们提供了新的社交方式，人们更喜欢通过微博、微信、贴吧等渠道及时表达对事件的观点与看法，庞大的网民数量和超长的上网时间成为各类数据来源的保障。这些庞大而混杂的数据信息需要进行一定的加工和转化，才能应用于政府部门的决策，而大数据技术在加工和转化的过程中将起到重要作用。经过有效分析和处理，政府部门可以及时掌握社会民众心态的状况与变化趋势，为社会问题、社会态势的发现和处理提供直接依据，精准预测、应对群体事件。并且结合5G时代AI技术，通过部署无人机平台可以快速实现效率提升和安全改善。5G网络将提升自动化水平，使其能分析解决方案，政府通过5G网络、AI监控、信用大数据可以精准应对群体事件并发出超前预警和控制。

未来场景十一：更加精准、及时、有力的应急调度

在救灾、抢险等应急管理的场景中，5G 的实时传输可以帮助政府对灾情和险情进行准确而有效的判断，实现精准救助，从而有效提升政府应急管理能力和水平。如对自然灾害预测方面，过去的数据收集和分析方式存在难度大、成本高等问题，而基于 5G 的海量联接可以大大降低物联网传感器成本并实现无处不在的联接。实现实时数据监控收集，再利用大数据预测分析，最终做到精准预测，并发布实时预警，从而降低自然灾害损失。

未来场景十二：基于海量传感终端的城市新型网格化管理

5G 使得城市发展各类信息可以迅速准确地接入云平台，使得数据实时分析成为可能，每一个人身上的传感器可以利用 5G 实时地向社会治理服务平台传输位置、健康状况等数据，云端人工智能可以基于这些数据实时分析城市人流分布情况，从而实现科学合理的动态调度警力，保障城市秩序。

未来场景十三：基于5G联接类脑智能新型交流平台

  技术正在成为我们的第二层皮肤，物联网为政府、社会和公众建立了一个沟通交流的平台。生活工作场景中类脑化的设备将会配置各种传感器，比如当针对重大决策事件、社会舆情事件讨论时，我们查看屏幕，屏幕也在看着我们，侦测我们在看哪里，以及如何反应，它们可以精准洞察我们的情绪；而且伴随脑机接口技术的进一步发展，互动讨论区域会让民众和政府更靠近，甚至脑与脑之间可以直接分享东西，人与人、人与物、物与物的无障碍交流即将开启。

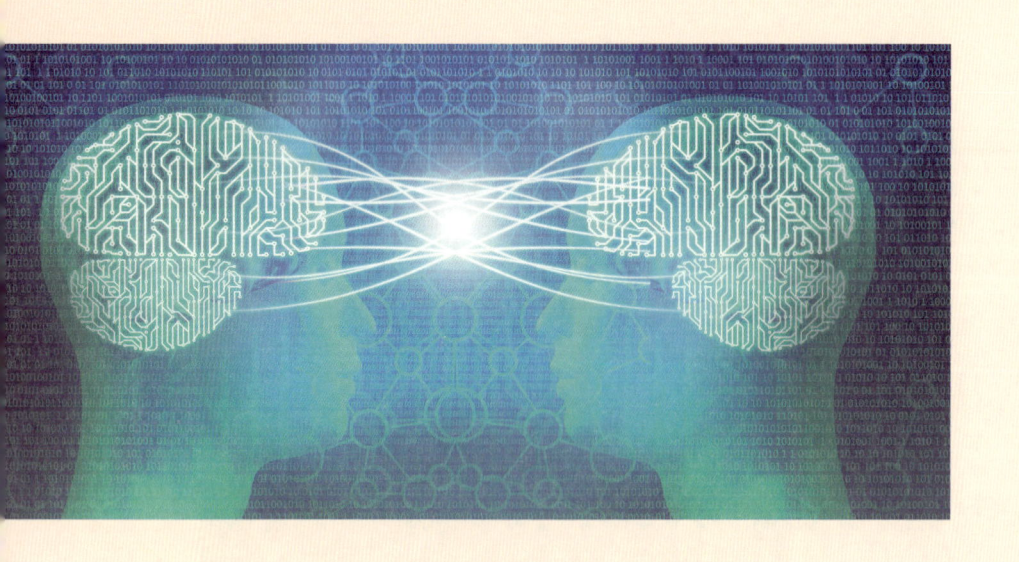

五　行政过程移动化

未来政府办公将与 5G、AI、大数据密切关联，高清视频、全息影像的政务会议以及在家虚拟办公成为政府办公的常态，行政过程不再囿于实体建筑之内，而是真正实现政府移动化办公的新时代。移动化将进一步推动政府行政过程的云端化。行政过程云端化是指构建云端数据平台，通过云端把所有数据融会贯通，打破信息孤岛，各种网盘、云盘都可以成为信息传输、存储的载体，意味着政府构建的公共服务平台将无处不在，可以建构全社会的数据网络。云端化大大加速政府决策过程，提升公共服务效率。

未来场景十四：云化 VR/AR 的智能应用

随着 5G 超宽带的投入使用，其超高速率、超低时延的特点使得实时的人与数字的沉浸式交互（CG 类 VR）效果大幅提升，以前只能用电脑主机作为主处理器进行内容渲染，需要较大的处理硬件并且能耗高。但随着 5G×大数据×AI 时代的到来，未来将使用云化 VR 来实现真正的沉浸式交互体验，多个终端将经过云端计算机渲染，实现人与人、人与物、物与物的交互，真正做到万物互联的虚拟化通信。未来政府将利用 5G 进行智能化办公。

用 5G 的切片技术建设虚拟的移动办公专网，增强政府办公安全性。构建和云端加密系统配套的专属通信网络，允许各级政府会议使用配套通信设备，如平板电脑、智能手机、电话等接入方式，让随时随地通信成为可能，加速政策的制定过程，提高政府办公效率，真正做到机器等人，而无须造成人等人的资源浪费。

  基于5G 云化 VR/AR 的构建政务会议场景。未来政府办公或其他办公都将朝着与数字实时沉浸式交互方向发展，未来在哪里办公都可以随时随地进入会议平台。各级政府决策会议可以通过云端加密系统完成，建设虚拟移动办公专网，只需将参会人员纳入云端系统，具有参会权、决策权的人员可随时随地接入办公、召开会议、结合云端数据平台做出决策，这或将改变不必要的面谈或频繁的开会状态，也避免当面投票弄虚作假的可能性，使决策更全面、智能、绿色、阳光。展望未来，以全息影像为发展方向，实现全息影像介入式会议场景，真正达到 AI 无处不在的政府模式。

未来场景十五：云端政策储备池及服务反馈平台

全国的各行各业运行状态、各个地区发展状况数据将存放在政府公有云数据库中，无处不在的连接可以实现数据的实时更新。

构建云端政策储备池，通过5G大数据从云端储存的材料为地方政府制定相关政策提供素材，当云端人工智能发现目标后，结合云端存储的政策文件数据库，进行文本分析，自动交付政府需要的政策文件素材，并推送给相关部门参考。该过程可大大节省文件拟写过程中的人力物力，文山会海、照抄照转问题将得到解决。

政策云端化的评估机制还将包括面向民众的实施效果评估机制。未来政府在云端模块设计中包含服务反馈板块，专门用于接收民众对政策实施的反馈，通过云智能对人民反馈的大数据计算，来评估所实施政策的效果以及可能带来的影响。这样一方面民众可以直接参与到政策的制定过程中来，另一方面也为政府制定更合理政策提供了数据来源及参考。

第八章

新平台新手段：构建物联、数联、智联的政府治理支撑平台

第一节 打造万物互联的城乡智联神经网络

党的十九大提出建设智慧社会战略，智慧社会实际上就是智慧城市＋智慧乡村。未来应当以城市和乡村为单位，依托智慧城市和智慧乡村建设，通过新ICT技术重塑城市和乡村基础设施，打造万物互联的智慧社会神经系统，为政府治理创新提供强大的物理基础。

一 建设以5G为核心的城乡一体化物联网平台

智慧社会的基础是万物互联，万物互联需要灵活多样、稳定可靠的通信方式。在5G环境下，每平方公里支持百万级别的物联设备互

联的 mMTC 技术场景将真正成为现实，这使构建城乡一体化的政府治理物联网平台在技术上成为可能。未来，应当构建以物联网为基础的城乡神经网络。建立以 5G 为核心的无线以及有线网络对基础设施进行监控和管理，获取设备运行状态，实现通过智能连接对设备进行智能的管理，提升市政管理部门的管理效率和维护成本。

二 构建 ICT 能力中心

5G、大数据、AI 等新 ICT 技术在未来将是智慧社会发展的重要支撑，以新 ICT 能力为抓手，构建基于 AI、大数据、视频等能力中心，通过服务化组件化方式为政府和企业的业务应用创新提供支撑。一方面满足政府和企业运营过程的业务发展需求，另一方面促进政府和企业的业务模式创新和价值再造，从而提升政府在社会治理、公共服务、城乡运行管理、行政办公等业务领域的服务水平，企业的运营效率，产品竞争力，以及服务水平。

三 建设智能运营管理中心

以大数据和政务云平台为基础，结合人工智能、GIS、融合通信、视频等多种技术，构建智能运营管理中心，它是城乡发展的智慧中心，给城乡的管理者和决策者提供城市和乡村可视化全景图，总揽城乡运行态势，洞察风险隐患，利用数据和信息进行综合决策，实现跨部门、跨系统的高效协作。

四 建立基于 5G 的新型虚拟移动专网

基于 5G 切片技术，建设新型虚拟移动政务专网，在此基础上搭建新型政务网络和政务云服务来承载政务云平台，实现政务外网和互联网之间在安全可控条件下的应用融合、互联互通。完善政务专网应用开发环境，通过不同的软件应用的开发来完成对不同场景、业务的计算、网络、存储服务，更好地为各行业提供基础设施、支撑软件、应用系统、信息资源、运行保障和信息安全等综合服务。对于敏感和涉密内容，大胆探索通过更高强度的加密和相关信息保障手段，运用加密技术和隔离技术，使基于移动网络的内网办公成为可能。

五 建立数据特征边缘计算与综合管理体系

云基础设施的负载增大、智能应用的数量增加为边缘计算的发展提供了契机，结合其发展需求，搭建数据特征库综合管理系统，推动政府机构和社会机构建立数据本体特征层面合作，在保留各方原始数据的同时实现数据资源价值共享。一是采用数据特征定制化模式，使平台方与数据方能够实现可信合约自动化签署、合约动态追加、合约可追踪及不可逆转等功能。二是基于五种数据形态即数字、文本、图像、音频、视频，集成 PCA、LDA、Filter、Wrapper、Embedded 等一系列特征生成及特征选择方法，在保留原始数据规律基础上将原始数据进行特征编码表示，利用数据特征前置生成体系进行特征信息交换。三是采用分布式采集及实时消息队列等多种技术手段，实现可跨异构数据存储系统的安全可控的、可弹性扩展的数据特征同步机制，满足不同网络环境下的数据特征的分布式采集需求。四是将分布式采集到的离散化数据特征进行汇聚整合，并进行数据特征全局透明化处理。五是依托全局化数据特征综合管理透明视图体系，实现对数据特征全局化透明访问及任务逐级分发，兼顾对访问用户和接口的统筹调配和控制，有效推动数据资源安全可控流通汇聚。

六 实施促进算力资源空间优化的"东数西算"工程

在5G时代，全国范围内算力资源结构性不足的特征将越来越明显。总体而言，东部地区由于降低能耗、产业结构升级的需要，无法大规模建设与5G时代数据资源相当的数据中心基础设施。而中西部地区，如新疆、青海、内蒙古、宁夏、贵州等地自然环境优越、电力能源充足，能源、土地、劳动力等成本优势明显，具备大规模发展数据中心的条件，但由于缺乏必要产业配套，数据中心大量闲置，或者由于处于大数据产业价值链低端而无法实现持续发展。未来，建议充分发挥我国制度优越性，仿效"南水北调"和"西气东输"工程，通过技术和制度层面综合性创新，实施"东数西算"工程，推进构建5G时代我国算力资源统筹调配总体格局，有效解决算力资源结构性失衡问题，实现总体时空布局优化、成本优化、安全管控优化。一是优化基础骨干网布局，改变传统以下游需求为导向的布网原则，充分结合5G等新技术优势，统筹推进面向中西部数据中心密集地的网络直联点建设，保障"东数西算"工程的网络时延要求。二是统筹布局全国大数据业务，结合各种业务对网络时延要求分级分类部署，将东部低时延类智能化业务计算存储留在本地，将对时延不敏感的业务集中部署在西部地区。三是鼓励产业界探索东中西部跨区域数据中心运维服务统筹结算机制，在充分发挥中西部能源优势的同时，帮助中西部地区实现大数据产业价值链升级，就地发展偏劳动密集型的数据加工、数据内容产业，将"瓦特"产业转化为"比特"产业，实现产业跨越升级，有效拉动就业。四是探索实现电力网和数据网联动建设、协同运行新机制，鼓励西部地区依托电厂就近建设数据中心，提高本地供电比例，变输送电流为输送数据流，降低远程输电投资成本，降低输电损失，实现远程输电投资成本和数据中心运行成本"双下降"。五是鼓励中西部数据中心更多地开发和利用水电、光伏发电和风能发电等清洁能源，减少碳排放，同时有效降低中西部地区弃风和弃光电量。

第二节　构建全国一体的国家数据中枢系统

构建国家数据中枢系统，包括一体化的政务云平台和大数据平台，汇集整合社会运行的全时空、全方位、全要素的大数据资源，打通信息壁垒，消除信息孤岛，让业务实现用数据说话、用数据决策、用数据管理、用数据创新。建立数据管理制度，在满足数据管理要求的前提下，实现充分的数据共享与开放，面向政府、企业和社会提供数据服务。建立基于业务场景需求的基础库、主题库与专题库，推进政府业务应用创新。

一　打通政-政通道：完善国家数据共享交换平台体系

国家数据共享交换平台是实现各省、市、县（区）政府数据的分域、分层汇聚、共享交换应用的整合平台，为政府内部数据共享、数据协同提供支撑。长远来看，各级政府数据共享交换平台是国家政务信息化的核心应用设施，为政府数据开放、数据增值服务平台和数据安全监管平台构建提供支撑。

国家数据共享交换平台体系的完善，一是深化推进政务信息系统整合共享工作，各部门需要明确共享的边界和使用方式，厘清数据管理及共享的义务和权利，充分利用国家电子政务外网现有基础，构建国家信息交换体系，使用建立覆盖各级各类政府部门和公共部门的数据共享交换机制，促进跨地区、跨部门的政务数据共享。二是围绕科教兴国、人才强国、创新驱动发展、乡村振兴、区域协调发展、可持续发展等重大战略，构建"大数据+国家重大战略"数据资源采集汇聚体系，建设重点政务部门和公共部门业务流数据实时归集机制。三是结合信息惠民工程实施和智慧城市建设的要求，推动中央部门、地方政府条块结合、联合试点，从而实现公共服务和社会发展的多方数据共享、协同和对接。

二　打通政-企通道：完善国家公共数据开放体系

我国大数据产业发展过程中，政府作为主导，企业担当主体。当前正在积极鼓励企业接入，提供优质数据资源，共同推动政、企数据流通融合，助力大数据创新应用，深入释放数据价值。

建立完善国家公共数据开放体系。首先，依托国家统一数据开放平台，制定公共机构数据开放计划，落实数据开放和维护责任，在依法加强安全保障和隐私保护的前提下，通过开放数据集、提供数据接口、数据沙箱等多种方式，定向开放部分对于民生服务、社会治理和产业发展具有重要意义的数据集。其次，制定政府数据共享开放目录，以公共数据开放为切入，鼓励行业专家、研究人员和创新创业团队等共同参与大数据分析工作，从而引导企业、行业协会、科研机构、社会组织等主动采集并开放数据，形成国家大数据开发利用智力众包机制。最后，当前政企数据对接存在"三难"问题，即政务数据与企业数据对接融合"难"、政务数据与社会数据融合利用落地实施"难"、政府企业自身数据开放"难"，需打破政企间存在的实时传输壁垒，解决政企数据共享开放中供给与需求脱节问题。

三　打通企-企通道：探索国家数据资源流通交易体系

数据交易体系是数据交易行为的重要载体，可以促进数据资源整合、规范交易行为、降低交易成本、增强数据流动性。构建数据交易体系已经成为很多省市促进数据要素流通、推动经济高质量发展的重要举措之一。国家数据资源流通交易体系的建立需要构建覆盖原始数据、脱敏处理数据、模型化数据和人工智能化数据等不同数据开发层级的新型大数据综合交易平台。建立完善数据资源质量评估与定价机制，搭建数据质量评估测试靶场公共服务平台，形成成本定价和收益定价相结合、一次性定价与长期定价相结合的数据资源流通定价机制。建立健全数据登记确权机制、评估定价机制、交易跟踪机制和安全审计机制，基于区块链技术构建数据授权存证、数据溯源和数据完整性检测系统，促进资源要素聚集流通。此外，完善交易过程中的监管机制，可分为自律监管和行政监管两种方式，从数据的搜集、清洗、遴选等不同程度去评估数据交易的质量成果。

四 打通企-政通道：建立完善社会化数据采集体系

新一代国家数据网络基础设施的连接连通，国家和区域数据中心及具备一定规模的社会化数据中心的互联互通，对就业招聘、投融资、专利著作、招投标、新闻论坛等社会化数据的采集提出了明确要求。社会化数据采集体系的完善，需要围绕国家安全、决策支撑、反腐监察、社会治理、民生服务、经济发展需求，清理、整合、统筹各部门面向社会化机构的数据采集和信息报送渠道，依法依规建立社会化数据统一获取的合作机制。搭建国家数据本体特征库平台，鼓励政府机构和社会机构建立数据本体特征层面合作机制，通过数据本体特征定制合约、特征数据前置生成和分布式采集等技术手段，按需接入行业、省级和各类社会化数据中心，支撑全局数据资源的采集汇聚、统一管理与按需调度，在保留各方原始数据的同时实现数据资源价值共享。建设国家互联网数据安全备案监管平台，对超大型社会化机构数据资源体系进行常态化备案。建设海外数据采集汇聚平台，归集汇聚各国政治、经济、社会、人文等相关数据资源，依托国家民用空间基础设施，探索建立重点覆盖"一带一路"沿线的空天地一体数据体系。成立第三方数据中心准入和认证机构，检验社会化数据采集体系在功能和安全等方面的合规性，打造绿色健康数据生态。

五　建立国家数据一体化组织管理体系

国家数据一体化组织管理体系可以充分结合各类政府数据和社会数据的优势，在归集对接各级各类政务数据、社会化数据和海外数据的基础上，实现统一规划、统一管理。建设国家数据资源动态本体管理体系，面向人、企、车、物、事、地等本体对象，依托统一编码关联全域数据，支撑多维度关联、多视角监测、多领域应用，围绕"三大攻坚战"、"放管服"改革、高质量发展、供给侧结构性改革、"一带一路"、区域协调发展、创新驱动等重大战略、重大任务，构建面向主体行为规律、业务逻辑的特征知识和规则方法集合，助力各级政府决策履职，服务社会相关机构。建设覆盖政务数据和社会化数据资源的数据清洗和比对加工辅助体系，机制化推进国家大数据标准化稽查、清洗、去重、校验、修复等质量提升工作。建设国家大数据安全攻防测试环境，为参与机构提供数据质量评估测试，对不同类型数据资源进行定量与定性相结合的评估分析，通过搭建数据接入子系统、数据碰撞子系统、数据评估子系统等方式实现行业数据质量统一监管与平台数据资源汇聚的良性互动。

第三节　建设统分结合的国家治理大脑体系

一　建设统分结合的国家治理大脑平台

充分运用5G、大数据、人工智能、物联网、虚拟现实、增强现实等新技术，围绕支撑党中央国务院重大战略的决策部署和重大任务的推进实施，建设满足统分结合需求的国家治理大脑体系。全面覆盖国家安全、文化意识形态、经济社会发展、民族宗教、生态文明建设等领域，加快实现具有"统筹规划、合理分工、联动共享、纵向到底、横向到边、辐射全国"能力的指挥监控、会商研判、应急调度、综合展示等功能，有效满足跨层级、跨地域、跨系统、跨部门、跨业务的重大风险识别预警、社会预期引导、宏观态势研判预测、政策综合评估、社会热点监测、全球态势分析等业务应用需求，积极打造数据驱动、协同融合、共创共享的应用生态体系。

二 建立国家数据应用公共服务平台

围绕提升国家治理现代化水平的总体要求，建立涵盖区域协调发展、金融风险防控、事中事后监管、宏观经济分析、社会应急管理、公共服务运行等领域的通用业务领域指标模型库，集成自然语言处理、数据可视化、GIS集成展现、语音智能问答、多语言机器翻译、数据挖掘分析等功能的通用核心算法和控件库，为国家数据综合应用提供规范统一、运行高效、服务有力、保障到位的数据应用公共服务，最大限度释放国家大数据效能。

三 搭建面向社会用户的数据应用集市

在以创新为牵引、以应用为目标的基础上，将符合规定的政府数据资源开放给企业和个人使用，面向社会各领域用户的数据需要搭建并提供数据应用集市服务，集中展示并大力推广对促进经济和社会发展有益的数据应用，切实解决数据价值无法充分发挥、数据来源匮乏问题，实现政府与社会供需双方合作双赢的良好局面，促进多行业数据融合协作式发展。

四 推动四类应用试点先行先试

积极推动四类应用试点先行先试，一是结合新一轮国务院机构改革，加快推进市场监管、文化旅游、自然资源、生态环境、农业农村、应急管理等领域的深度应用；二是围绕纪检监察、"六稳"、重大风险防范、普惠金融等跨部门、跨领域重大战略和重大任务，构建跨部门协同应用体系；三是围绕"一带一路"、雄安新区建设与京津冀协同发展、长江经济带、粤港澳大湾区、海南全面深化改革开放、长三角一体化发展等重大区域协调发展战略，开展区域一体化数据应用和创新创业试点；四是进一步推进信用、交通、医疗、卫生、就业、社保、地理、文化、教育、科技、资源、农业、环境、安监、金融、质量、统计、气象、海洋等行业分中心应用平台建设。

按照需求导向、急用先行的基本原则，积极推动实现若干重点领域大数据应用试点取得创新突破，包括但不限于表4-1所列方向。

表4-1 重点领域大数据应用试点方向

试点领域	试点方向
经济金融风险防范应用	充分整合经济金融运行相关数据资源，针对重点领域，搭建建模环境和数据加工、清洗环境，开展金融风险模型训练、数据测试集校验建模，形成分区域、分领域、分行业金融风险预测预警体系，不断强化宏观经济风险识别和应对处置能力，切实防范潜在运行风险
纪检监察跨部门协同应用	整合打通多维纪检监察数据资源，实现政府监管和社会监督数据资源的有机融合；建立以"5G×大数据×AI+从严治党"为主线的线索发现、案源侦测、进展跟踪、处置方案生成、效果反馈等全流程分析机制；提升预测预警水平，为形势研判、快速响应、专项行动等工作提供决策依据，推动纪律检查监督工作由事后向事前转移
普惠金融跨部门协同应用	依托政务数据共享交换平台，实时掌握全国各地企业生产经营实际状态；搭建面向中小微企业和个体工商户的融资风险防范和普惠金融公共服务平台，运用大数据解决中小企业融资难、融资贵问题
市场监管协同应用	先行示范市场监管数据资源对外开放服务能力，构建政府和社会互动的信息应用机制，依托专业企业开展市场监管大数据应用；在重点领域开展大数据综合示范应用，提高对市场环境的事前、事中、事后监管水平；组建市场监管大数据实验室，针对大数据监管模型、市场监管数据与宏观经济数据的关联应用、市场监管政策和制度实施效果的跟踪监测等领域展开研究
健康医疗大数据应用	加强政府、公众和社会化健康医疗数据的共享交换和整合利用，提高重大疾病防控和突发公共卫生事件应对能力；建设基于大数据的临床诊疗决策支持平台，逐步提高医疗服务效率及诊疗决策支持水平；鼓励社会力量创新发展健康医疗业务，培育健康医疗大数据应用新业态；健全医疗健康大数据标准体系与法律法规
"一带一路"跨部门协同应用	以大数据为核心，搭建覆盖"一带一路"相关国家的产业对外投资情报分析预测平台，建立指标体系；依托"一带一路"建设核心区，搭建面向企业和社会化机构的"一带一路"大数据综合公共服务平台；推进与"一带一路"相关国家共同协商建立"一带一路"大数据标准和规范体系；依托中国一带一路官网，促进"一带一路"沿线国家之间在法律、政策、贸易、统计、金融、民间交流等方面的数据开放、交换与共享

第九章

新模式新机制：探索 5G 时代数字经济新型"举国体制"

当前，我国已经打响了 5G 商用发展的发令枪，已成为全球 5G 产业发展的"领头羊"。未来三年正处在"两个一百年"奋斗目标的历史交汇期，实现国家治理体系与治理能力现代化，就需要我们在运用 5G、大数据、人工智能等新技术创新社会治理方面加强探索。应当充分发挥我国体制机制优势，按照"统筹组织、双轮驱动、多方参与、试点先行"的实施策略，创新管理机制和建设模式，积极调动各方优势资源，形成发展合力，打造数字经济"新型举国体制"。

第一节　坚持顶层推进

探索完善5G时代政府治理模式创新，必须从顶层设计出发，彻底解决长期制约我国社会治理深层次的基础性、结构性、系统性、历史性难题，助力我国高质量发展。国家层面亟须从以下几方面加强统筹谋划：一是理顺体制机制。建议在国家层面上强化数字中国、数字经济、大数据等领域顶层统筹协调力度，明确5G时代政府治理实现"三融五跨"的总体思路、工作重点、战略目标和实施路径，形成统一领导、分工合理、责任明确、运转顺畅的顶层推进机制。二是完善标准规范。研究制定有关5G、大数据、人工智能等新技术应用于政府治理的基础标准、技术标准、应用标准和管理标准等，加快建立政府数据采集、存储、公开、共享、使用、质量保障和安全管理的技术标准，引导建立政企间信息共享交换的标准规范，促进数据资源协同开发利用。

第二节　创新投资模式

建立健全政府购买数据资源、数据分析、云服务机制，切实解决长期存在的重系统建设、轻应用服务的老大难问题，为政府科学决策、依法监管和高效服务提供大数据支撑保障。推动政府向社会力量购买大数据资源和技术服务。各地区、各部门应当按照有利于转变政府职能、有利于降低行政成本、有利于提升服务质量水平和财政资金效益的原则，充分发挥市场机构在信息基础设施建设、信息技术、信息资源整合开发和服务等方面的优势，通过政府购买服务、协议约定、依法提供等方式，加强政府与企业合作，为政府科学决策、依法监管和高效服务提供支撑保障。按照规范、安全、经济的要求，建立健全政府向社会力量购买信息产品和信息技术服务的机制，加强采购需求管理和绩效评价。加强对所购买信息资源准确性、可靠性的评估。充分发挥政府引导基金作用，优先支持科创板企业，促进产业与资本融合发展，加快经济结构调整和区域经济协调发展，有效带动和引导社会投资，发挥财政资金杠杆效应。

第三节 强化协同创新

围绕5G时代政府治理创新核心需求，联合顶级科研院所、知名企业等相关机构推进跨领域协同创新，开展5G、大数据、人工智能等领域的基础性研究工作。广泛整合高校院所、高端智库等研究力量，安排专项资金支持相关领域的基础研究工作，集中突破数据权属管理、数据流通控制、数据定价等核心理论和关键技术，重点围绕宏观决策、金融支付、企业运行、海关通关、政务服务、社会治理、交通物流、生态环保、资源能源等领域强化数据应用算法和模型开发力度。搭建国家治理创新智力众包平台，通过设立创新基金、举办创新大赛等方式，吸引各界共同参与新技术在政府治理创新中的应用研究。

第四节　加强国际合作

积极参与构建 5G 时代全球数字治理体系。在联合国框架下推动建立各方普遍接受的国际规则，加强政府间和非政府间数字治理协同创新、协同应用、协同发展，推动建立多边、民主、透明的国际治理体系，促进全球数字治理体系变革。积极参与数字治理创新相关国际规则制定，主动引导互利共赢的跨境数据共享交换、证照信息共享、数字经济协同治理等方面新规则制定，推动"一带一路"成员国之间在法律、政策、贸易、统计、金融、民间交流等方面的数据开放与交换、共享。鼓励企业在数字经济新领域的国际标准制定中发挥作用，推动我国具有自主知识产权标准成为国际标准。制定并推广网络空间国际治理的中国方案，共建网络空间命运共同体。

第五节　推进队伍建设

强化人才储备，加强各级政府部门大数据智能化应用专业人才超前培养和储备，建立精通运用大数据、人工智能等新技术手段强化决策支持、社会治理、事中事后监管、产业运行和政策评价的中高端人才队伍体系。组织开展面向各级党员干部队伍的大数据智能化应用培训，培养各级干部善于获取数据、分析数据、运用数据的本领。创新政务大数据智能化人才培养机制，探索采用更加灵活、科学的方式方法，鼓励通过参与政府专项科研课题、高校委培代培、设立实习基地、挂职锻炼、创新创业、推进应用示范工程、国际科研合作交流等多种方式，建立社会化人才吸纳和储备机制，加快专门人才业务素质提升和知识储备更新。

第六节　推进试点示范

先期重点推动各行业5G网络以及云平台建设，鼓励地方运用5G建设统一政务网络平台试点，为大数据和人工智能的应用提供新型基础设施。鼓励各地结合自身优势，开展5G时代大数据智能化政务应用体系建设先行先试。鼓励有条件的副省级以上地方开展应用示范，在充分利用国家统一政务云平台和电子政务基础设施的基础上，结合本地区实际需求和特色资源，推进面向5G的政务大数据智能化标准规范、应用体系、支撑平台和基础设施建设。把握新一代信息技术产业发展趋势，支持鼓励5G、大数据、人工智能在重点领域、重点场景的融合试点，加快5G频谱分配与牌照发放，加强在边缘基础设施、分布式计算资源和智能终端等方面的统筹布局，加强5G体系化部署。整合政产学研等各方资源，有序推进5G网络、平台、应用和产业协同发展，构建多层次的5G合作交流平台。

缩略语

缩略语	英文全称	中文全称
AR	Augment Reality	增强现实
AI	Artificial Intelligent	人工智能
ICT	Information and Communication Technology	信息与通信技术
IoT	Internet of Things	物联网
GIS	Geographic Information System	地理信息系统
LTE	Long Term Evolution	长期演进

MDC	Mobile Digital Computer	移动数字计算机
MEC	Mobile Edge Computing	移动边缘计算
MEC	Multi-access Edge Computing	多址边缘计算
NLP	Natural Language Processing	自然语言处理
NSA	Non-Standalone	非独立组网
OCR	Optical Character Recognition	光学字符识别
OT	Operational Technology	运营技术
VR	Virtual Reality	虚拟现实
SA	Standalone	独立组网

参考文献

B. 盖伊·彼得斯:《政府未来的治理模式》,中国人民大学出版社,2001。

安小米、郭明军、魏玮:《政务信息系统整合共享工程中的协同创新共同体能力构建研究》,《情报理论与实践》2019年第42(04)期,第76~82页。

陈振明:《评西方的"新公共管理"范式》,《中国社会科学》2000年第6期,第73~82、207页。

陈振明:《走向一种"新公共管理"的实践模式——当代西方政府改革趋势透视》,《厦门大学学报》(哲学社会科学版)2000年第2期,第76~84页。

杜传忠、陈维宣:《全球新一代信息技术标准竞争态势及中国的应对战略》,《社会科学战线》2019年第6期,第89~100、282页。

杜平主编《中国电子政务十年:2002—2012》,社会科学文献出版社,2012。

高红波:《5G前景下智慧广电有效参与社会治理的路径探析》,《现代视听》2019年第3期,第20~23页。

郭明军、童楠楠、王建冬:《政务数据与社会数据共享利用中存在的问题及应对举措》,《中国经贸导刊》2019年第8期,第37~38页。

郭全中:《5G时代传媒业的可能蓝图》,《现代传播(中国传媒大学学报)》2019年第7期。

国家信息中心数字中国研究院:《运用大数据提升公共政策科学化》,《社会科学报》2019年6月6日第3版。

韩兆柱、马文娟:《数字治理理论研究综述》,《甘肃行政学院学报》2016年第1期,第23~35页。

何枭吟:《美国数字政府透视》,《边疆经济与文化》2006年第5期,第22~24页。

洪琢:《美国信息化百年历程启示》,《科学决策》2001年第5期,第55~58页。

胡新丽:《信息技术对政府决策的影响研究综述》,《电子政务》2013年第4期,第87~94页。

黄文菊:《政府信息化对传统科层制组织的冲击》,《行政论坛》2003年第3期,第28~29、57页。

姜雷、陈敬良:《美国电子政务的立法状况及其对我国的启示》,

《北京工商大学学报》(社会科学版)2011年第2期,第122~128页。

金兼斌:《技术传播:创新扩散的观点》,黑龙江人民出版社,2000。

金江军:《美国数字政府战略及启示》,《信息化建设》2012年第8期,第54~55页。

李鹏:《论信息技术和新公共管理的关系》,《湖北行政学院学报》2005年第6期,第89~91页。

刘泾:《新媒体时代政府网络舆情治理模式创新研究》,《情报科学》2018年第36(12)期,第66~70、89页。

陆健英、郑磊、Dawes S. S.:《美国的政府数据开放:历史、进展与启示》,《电子政务》2013年第6期,第26~32页。

沈霄、王国华:《基于整体性政府视角的新加坡"智慧国"建设研究》,《情报杂志》2018年第37(11)期,第73~79页。

汪玉凯:《数字政府的到来与智慧政务发展新趋势——5G时代政务信息化前瞻》,《人民论坛》2019年第11期,第33~35页。

王建冬、童楠楠、易成岐:《大数据时代公共政策评估的变革:理论、方法与实践》,社会科学文献出版社,2019。

王少泉:《美国数字政府治理经验在我国的应用分析》,《天中学刊》2018年第33(5)期,第10~16页。

王少泉:《我国数字政府治理的现状、问题及推进途径》,《重庆三峡学院学报》2018年第34(6)期,第35~40页。

王耀华、计文静:《新公共管理治理理论与传统公共行政科层制的比较分析》,《湖北大学成人教育学院学报》2007年第6期,第

53~55页。

王毅、陈启鑫、张宁等:《5G通信与泛在电力物联网的融合:应用分析与研究展望》,《电网技术》2019年第43(5)期,第1575~1585页。

项立刚:《5G时代——什么是5G,它将如何改变世界》,中国人民大学出版社,2019。

薛伟贤、王涛峰:《"数字鸿沟"研究述评》,《科技进步与对策》2007年第24(1)期,第190~193页。

鄢木秀:《韦伯的科层制及其在现代中国发展的困境与变革》,《河北理工学院学报》(社会科学版)2005年第4期,第52~53、61页。

于江:《新媒体时代政府治理的"不适"与"调适"》,《福州党校学报》2016年第6期,第69~72页。

于施洋、王建冬、郭鑫:《数字中国——重塑新时代全球竞争力》,社会科学文献出版社,2019。

郑磊:《开放政府数据的价值创造机理:生态系统的视角》,《电子政务》2015年第7期,第2~7页。

中国信息年鉴编辑部:《中国信息化发展综述(2014)》,《中国信息年鉴》,2014。

中期评估工作组:《〈国家电子政务"十二五"规划〉中期评估报告》,《电子政务》2014年第4期。

周宏仁:《电子政务全球透视与我国电子政务的发展》,《计算机安全》2002年第10期,第15~20页。

朱珂、王玮、杨露彬:《"5G+无人机"技术的教与学:场景、路径与未来应用展望》,《远程教育杂志》2019年第37（4）期，第33~41页。

华为：《全球产业展望白皮书》，[R/OL].2019-07-21, https://www.huawei.com/minisite/giv/cn/。

中国信息通讯研究院：《5G经济社会影响白皮书》，[R/OL].2019-07-21,https://max.book118.com/html/2018/0312/157031229.shtm。

GSMA.The Mobile Economy 2019[R/OL].2019-07-22, https://max.book118.com/html/2019/0309/8075035014002012.shtm.

IMT-2020（5G）推进组：《5G愿景与需求白皮书》，[R/OL].2019-07-22, http://www.ccidcom.com/yaowen/20140530/BpWHLBnwFM5bIjId.html。

NGMN.5G White Paper[R/OL].2019-07-22,https://download.csdn.net/download/dapengliulong/9177133.

Dunleavy P , Margetts H , Bastow S , et al. New Public Management Is Dead—Long Live Digital-Era Governance. Journal of Public Administration Research and Theory: J-PART, 2006, 16(3):467-494.

Dunleavy, Patrick, et al. "New Public Management Is Dead: Long Live Digital-Era Governance." Journal of Public Administration Research and Theory: J-PART, vol. 16, no. 3, 2006, pp. 467–494. JSTOR, www.jstor.org/stable/3840393.

Dutton, William & Blank, Grant. "The emergence of next-generation internet users," International Economics and Economic

Policy, Vol. 11, Issue 1, (2014):pp.29-47.

Guangyi Liu,Yuhong Huang,Fei Wang,Jianjun Liu,Qixing Wang.5G Features from Operation Perspective and Fundamental Performance Validation by Field Trial[J]. 中国通信,2018,15(11):33-50。

Margetts, Helen, and Patrick Dunleavy. "The Second Wave of Digital-Era Governance: a Quasi-Paradigm for Government on the Web." Philosophical Transactions: Mathematical, Physical and Engineering Sciences, vol. 371, no. 1987, 2013, pp. 1–17. JSTOR, www.jstor.org/stable/23364193.

Marja Matinmikko,Matti Latva-aho,Petri Ahokangas,Veikko Seppänen. On Regulations for 5G: Micro Licensing for Locally Operated Networks. Telecommunications Policy,2017.

Oliveira J A P D , Jing Y , Collins P . The Evolution of Information and Communication Technology in Public Administration. Public Administration & Development, 2015, 35(2):140–151.

Pew Research Center. Social Media Outpaces Print Newspapers in the U.S. as a News Source[EB/OL]. [2019-03-21].http://www.pewresearch.org/fact-tank/2018/12/10/social-media-outpaces-print-newspapers-in-the-u-s-as-a-news-source/.

Ping Zhang,Xiaoli Yang,Jianqiao Chen,Yuzhen Huang.A Survey of Testing for 5G:Solutions,Opportunities,and Challenges. 中国通信,2019,16(01):69-85。

Renchao Xie,Zishu Li,Jun Wu,Qingmin Jia,Tao Huang.Energy-Efficient Joint Caching and Transcoding for HTTP Adaptive Streaming in 5G Networks with Mobile Edge Computing. 中国通信 ,2019(07):229-244。

Romana Shahzadi,Ambreen Niaz,Mudassar Ali,Muhammad Naeem,Joel J.P.C.Rodrigues,Farhan Qamar,Syed Muhammad Anwar. Three Tier Fog Networks: Enabling IoT/5G for Latency Sensitive Applications. 中国通信 ,2019,16(03):1-11。

Schwarz O. Facebook Rules: Structures of Governance in Digital Capitalism and the Control of Generalized Social Capital[J]. Theory Culture & Society, 2019.

Tianyu Wang,Shaowei Wang,Zhi-Hua Zhou.Machine Learning for 5G and Beyond:From Model Based to Data-Driven Mobile Wireless Networks. 中国通信 ,2019,16(01):165-175。

Wróbel A, Komnata K and Rudek K. IBM Data Governance Solutions. In: 2017 International Conference on Behavioral, Economic, Socio-cultural Computing (BESC).Krakow, Poland:IEEE,2017.1-3.

Xiaohu You,Chuan Zhang,Xiaosi Tan,Shi Jin,Hequan Wu.AI for 5G: Research Directions and Paradigms.Science China(Information Sciences),2019,62(02):5-17.

Xinsheng Ji,Kaizhi Huang,Liang Jin,Hongbo Tang,Caixia Liu,Zhou Zhong,Wei You,Xiaoming Xu,Hua Zhao,Jiangxing WU,Ming YI.Overview of 5G security technology. Science China(Information

Sciences),2018,61(08):107-131.

Yuefeng Ji,Jiawei Zhang,Yuming Xiao,Zhen Liu.5G Flexible Optical Transport Networks with Large-Capacity, Low-Latency and High-Efficiency. 中国通信，2019，16（05）：19-32。

图书在版编目(CIP)数据

迈向万物智联新世界:5G时代·大数据·智能化/5G与高质量发展联合课题组著. -- 北京:社会科学文献出版社,2019.8(2020.4重印)
（大数据发展丛书）
ISBN 978-7-5201-5288-4

Ⅰ.①迈… Ⅱ.①5… Ⅲ.①信息产业-经济发展-研究报告-中国-2019 Ⅳ.①F492.3

中国版本图书馆CIP数据核字（2019）第160435号

大数据发展丛书

迈向万物智联新世界
——5G时代·大数据·智能化

著　　者 / 5G与高质量发展联合课题组

出 版 人 / 谢寿光
责任编辑 / 宋　静

出　　版 / 社会科学文献出版社·皮书出版分社（010）59367127
　　　　　 地址：北京市北三环中路甲29号院华龙大厦　邮编：100029
　　　　　 网址：www.ssap.com.cn

发　　行 / 市场营销中心（010）59367081　59367083
印　　装 / 三河市东方印刷有限公司
规　　格 / 开　本：787mm×1092mm　1/16
　　　　　 印　张：14.5　字　数：164千字
版　　次 / 2019年8月第1版　2020年4月第5次印刷
书　　号 / ISBN 978-7-5201-5288-4
定　　价 / 89.00元

本书如有印装质量问题，请与读者服务中心（010-59367028）联系

▲ 版权所有 翻印必究